Wolfgang Krüger
Wie man Freunde fürs Leben gewinnt

HERDER spektrum
Band 6085

Das Buch

Man geht mit ihnen ins Kino, man diskutiert mit ihnen wild
und leidenschaftlich am Küchentisch oder in der Lieblings-
kneipe, und die besten unter ihnen kann man im Notfall
auch noch mitten in der Nacht anrufen um sein Herz auszu-
schütten, oder um Rat und Hilfe zu erbitten. Manche kennt
man schon aus den Kindertagen, andere hat man später kennen und wertschätzen gelernt. Es ist ein Glück, gute Freunde
zu haben. Ohne Freunde wäre das Leben ärmer. Jeder, der
Freunde hat, weiß aber auch: Freundschaften müssen gepflegt werden. Sonst gibt es zu viele Missverständnisse, Ent-
fremdungen, Langeweile. Anhand vieler Beispiele erklärt der
Autor im Detail, was eine gute Freundschaft ausmacht, und
wie man sich zu einem wahren Freund entwickeln kann. Er
macht deutlich, dass die Fähigkeit zur Freundschaft nicht nur
eine Sache der Sozialkompetenz ist. Ein ganz entscheidender
Punkt ist, dass man sich zuerst einmal selbst gut Freund zu
sein gelernt hat. Wer sich selbst nicht liebt, kann auch andern
nicht Freund sein. Über die Kunst, gute Freunde zu gewinnen, Freundschaften zu halten, informiert in diesem Sach-
buch ein bekannter Psychologe und Psychotherapeut.

Der Autor

Dr. Wolfgang Krüger, geboren 1948 in Berlin, Studium der
Betriebswirtschaft und der Psychologie, Dr. phil. 1981. Psy-
chotherapeut in eigener Praxis in Berlin. Autor zahlreicher
psychologischer Sachbücher. Bei Herder Spektrum: Liebe,
Macht und Leidenschaft; bei Kreuz: Das Geheimnis der
Treue.

Wolfgang Krüger

Wie man Freunde fürs Leben gewinnt

Vom Glück
einer besonderen Beziehung

HERDER

FREIBURG · BASEL · WIEN

© Verlag Herder GmbH, Freiburg im Breisgau 2010
Alle Rechte vorbehalten
www.herder.de

Umschlaggestaltung und Konzeption: Agentur RME:
Eschlbeck / Hanel / Gober
Umschlagfoto: © imago / Gustavo Alabiso

Satz: Layoutsatz Kendlinger
Herstellung: fgb freiburger graphische betriebe
www.fgb.de

Gedruckt auf umweltfreundlichem, chlorfrei gebleichtem Papier
Printed in Germany

ISBN: 978-3-451-06085-4

Inhalt

Warum sind Freunde lebenswichtig?

Vor einigen Jahren hörte ich einen Vortrag über die Frage, warum wir heutzutage so nervös und wenig glücklich sind. Der Referent begann seine Ausführungen mit den Worten: „Warum sind so viele Menschen unzufrieden und unsicher? Worin liegt das Glück des Lebens?" Den Rest des Vortrags habe ich längst vergessen, aber die Frage nach dem Glück des Lebens hat mich nicht wieder losgelassen. Es gibt darauf anscheinend keine einfache Antwort. Die meisten Menschen suchen deshalb ein Leben lang danach. Für viele ist die Liebe die Quelle des Lebensglücks. Doch in Wirklichkeit ist es mit der Liebe nicht so leicht. Das so verlockende Liebesglück wird oft als schwierig erlebt. Und wie ist es mit der Arbeit? Liegt das Glück im Beruf? Ich halte es für wichtig, dass man gern arbeitet und mit seiner Tätigkeit zufrieden ist. Doch die meisten Forscher sind der Überzeugung, dass Glücksgefühle vorwiegend durch Erlebnisse mit anderen Menschen ausgelöst werden. Insofern beruht das stabile Lebensglück auf einer sozialen Welt, zu der immer auch gute Freundschaften gehören. Das ist auch die Erkenntnis des Psychologieprofessors Harald Euler. Er meint: „Einbettung in soziale Bezüge macht glücklich." Das bestätigt eine Umfrage des Instituts Allensbach. Sie ergab, dass 51% aller Deutschen glauben, durch Freunde glücklich zu werden. Hinsichtlich des Geldes waren nur 47% davon überzeugt.

Wir haben zu wenig Freunde

Allerdings gibt es einen großen Unterschied zwischen unserem abstrakten Wissen und unserer Lebensrealität. Wir wissen, dass Freundschaften wichtig sind. Trotzdem gibt es immer wieder lange Zeiten, in denen wir unsere Freundschaften vernachlässigen. „Meine Freundschaften laufen immer so etwas nebenher" – sagte mir eine junge Mutter. Und so ist erklärlich, dass wir oft das Gefühl haben, selbst Schuld daran zu sein, wenn unsere Freundschaften nicht vollständig unseren Vorstellungen entsprechen. Denn vollständig zufrieden ist fast niemand mit seinen Freundschaften. Fast jeder vermisst manchmal einen Freund, der wirklich zu ihm hält und ihn versteht. Wie groß die Bedeutung eines solchen Freundes für die meisten Menschen ist, zeigte eine Befragung amerikanischer Studenten. Die Auswertung der Interviews ergab, dass für sie sowohl die Liebe als auch die Freundschaft zu den wichtigsten persönlichen Werten zählen.[1] Dennoch haben viele Menschen überhaupt keine Freundschaften. Eine internationale Studie ergab, dass 20% aller Deutschen, 23% aller Österreicher und 34% der Ungarn keinen einzigen Freund haben.

Doch wie ist es mit der großen Mehrheit, mit jenen Menschen, die offenbar Freundschaften pflegen? Ich habe in den letzten Jahren 410 Menschen in teilweise mehrstündigen Interviews befragt und dabei festgestellt, dass 60% von ihnen ihre Freundschaften für verbesserungswürdig hielten.[2] Davon war die Hälfte sogar massiv unzufrieden mit ihren Freundschaften. Typische Aussagen waren:

- Wir sehen uns zu selten, verlieren uns zu sehr aus den Augen.
- Wir hatten einen Konflikt, konnten nie darüber reden – es blieb eine gewisse Distanz.
- Ich kann meinen Freundinnen nicht alles erzählen, sie würden mich nicht verstehen.

Wie kann man seine Freundschaften verbessern?

Natürlich interessierte es mich, inwieweit meine Interviewpartner ihre Freundschaften für verbesserungswürdig hielten. Allerdings war ich dann fast etwas enttäuscht. Zwar konnten sie noch einige Kritikpunkte benennen. Aber sie wirkten dann doch recht ratlos, als ich sie fragte, wie sie ihre Freundschaften verbessern könnten. „Ich wollte schon immer… eigentlich sollte ich…" – hieß es dann nach längerem Überlegen. Und dann folgte immer die Erkenntnis, sie würden sich für die Freundschaften zu wenig Zeit einräumen. Tatsächlich nehmen uns Beruf, Partnerschaft und Kinder meist voll in Anspruch. Gewissermaßen sind Freundschaften ein Luxus, den wir uns erst dann leisten, wenn wir den Strudel des Alltags bewältigt haben. Und dabei besteht immer die Gefahr, dass wir die Freundschaften vernachlässigen. Eine der wichtigsten Voraussetzungen für die Verbesserung unserer Freundschaften besteht deshalb darin, dass wir uns Zeit dafür einräumen. „Ein Abend für die Freundschaften" – empfehle ich oft in Beratungen. Ich bin überzeugt, dass jeder von uns mindestens zwei Stunden in der Woche in seine Freundschaften investieren sollte.

Wir vernachlässigen Freundschaften

Nun haben Sie sicher auch schon oft den Vorsatz gehabt, dass Sie Ihre Freundschaften intensivieren. „Wir müssten doch mal wieder die Krauses einladen" oder „Ich müsste Regina anrufen" – heißt es dann. Doch oft bleibt es bei diesem guten Vorsatz, denn bei fast allen Menschen steht die Freundschaft im Programm des Alltags eher hinten. Das Geldverdienen ist wichtiger, die Kinder wollen umsorgt sein. Und abends ist man oft erschöpft vom Kampf des Lebens. 'Selbstverwirklichung und Selbstbehauptung' sind gewichtige Themen, und viele haben Angst um ihren Arbeitsplatz, empfinden andere als Konkurrenten. So entsteht eine Stimmung der Absicherung, des Rückzugs. Wir sind dann oft nur noch fähig fernzusehen. Und so liegt der durchschnittliche Fernsehkonsum bei über drei Stunden am Tag. Insofern ist es nicht nur Zeitmangel, wenn wir unsere Freundschaften zu wenig pflegen. Vielmehr fehlt uns die Kraft, der Schwung, die Freunde anzurufen. Es fehlt uns die soziale Aufgeschlossenheit, die Neugierde, die Unbekümmertheit, wie man sie noch bei Kindern findet, die einfach auf den anderen zugehen und ihm sagen: „Du bist jetzt mein Freund". Und so ziehen wir uns nach einem langen Arbeitstag eher in den kleinen Kreis der Familie zurück. Doch nach einer Trennung oder Pensionierung spürt man dann leidvoll die eigene Einsamkeit und registriert, dass uns Freundschaften fehlen. Dann verstehen wir auch die Aussage des Soziologen George C. Homans, der in den fünfziger Jahren die Entwurzelung des heutigen Menschen beschrieb und darauf hinwies, dass wir ohne intensive Bindungen zu einem Staubhaufen von Individuen würden.[3]

Die Lösung des Bindungsproblems

Ob wir im Leben glücklich werden, hängt entscheidend davon ab, wie wir es schaffen, das Bindungsproblem geschickt zu lösen. Denn es muss uns gelingen, enge Bindungen einzugehen und gleichzeitig müssen wir dabei beachten, dass wir heutzutage ein riesiges Freiheitsbedürfnis haben. Wir sind in den letzten Jahrhunderten zu Individualisten geworden und haben ziemliche Schwierigkeiten, uns fest in ein Kollektiv einzuordnen. Deshalb sehnen sich nur wenige Menschen nach der Geborgenheit in einer Großfamilie. Oft lebten früher – vor allem auf dem Land – drei oder sogar vier Generationen unter einem Dach. Man nahm die Mahlzeiten zusammen ein und half einander. Die Großeltern kümmerten sich um die Kinder, und sie selber wurden gepflegt, wenn sie krank waren. Doch die meisten von uns würden sich sicher sehr eingeengt fühlen, wenn sie in einem solchen sozialen Verband leben müssten. Wir sind zu Individualisten geworden, was sich auch darin zeigt, dass sich die bisherigen sozialen Modelle immer mehr auflösen. Immer häufiger wachsen Kinder allein bei der Mutter auf. Bereits in jeder fünften Familie gibt es nur einen Elternteil. Die Zahl der alleinlebenden Menschen hat sich in den letzten zwanzig Jahren fast verdoppelt. In vielen Großstädten dominieren mit über 50% sogenannte Ein-Personen-Haushalte. In dem Berliner Bezirk Mitte-Tiergarten, in dem ich wohne und arbeite, lebt sogar in 60% aller Wohnungen nur ein einziger Mensch. Wenn ich spazieren gehe und abends an den erleuchteten Fenstern vorbeikomme, frage ich mich oft, ob die dort wohnenden Menschen genügend Freunde haben, um nicht im Alleinsein zu versinken.

Die Auflösung alter, zum Teil einengender Bindungen ist offenbar ein zweischneidiges Schwert. Sie ermöglicht einen positiven Prozess der Persönlichkeitsentwicklung, führt aber auch zu einer steigenden Vereinsamung. Verlassenheitsgefühle sind dadurch zu einem kollektiven Problem geworden. Dies wird auch durch zahlreiche Umfragen bestätigt. Sie belegen, dass etwa 10% der Bevölkerung chronisch vereinsamt sind und dass für jeden zweiten Deutschen die Einsamkeit ein Problem darstellt.[4]

Wie wir uns verwurzeln können

In meinen Freundschaftsberatungen habe ich immer wieder beobachten können, dass sich Menschen innerlich ausgeglichener fühlten, wenn sie sich mehr um ihre Freundschaften kümmerten. Sie fanden ihre sozialen Wurzeln, fühlten sich stärker verankert. Offenbar sind wir alle dringend auf den Gefühlsaustausch in engen Beziehungen angewiesen. Wir brauchen die Anerkennung und das Verständnis unserer Mitmenschen für unser seelisches Wohlbefinden so notwendig wie die Luft zum Atmen. Bei Kindern wird die Bedeutung der liebevollen, pflegenden Elternbindung besonders sichtbar. Wenn Kinder zu wenig Geborgenheit erleben, können sie nicht nur seelisch, sondern auch körperlich erkranken. Sie können bei mangelnder emotionaler Wärme kein Urvertrauen entwickeln und ihre spätere Entwicklung wird erheblich gestört sein. Doch wie ist es bei uns Erwachsenen? Wir sind doch auf die Geborgenheit angewiesen, die uns die Umwelt vermittelt. Man könnte sagen, dass wir erst durch vielfältige Beziehungen wirklich fest auf der Erde verankert sind. Sonst gleicht unser Lebensgefühl einem Raumfahrer, der schwerelos durch den Weltraum trudelt. Ängste, Depressionen und psychosomatische Störungen sind die Folge solcher Ungebundenheit. Insofern fordert die isolierende Lebensweise unserer Zeit ihren Preis. Wir sind für die Einsamkeit nicht geschaffen. Selbst Robinson auf der Insel hatte seinen Freund Freitag. Sonst wäre er vermutlich verrückt geworden. Und in einem Roman Balzacs heißt es eindrücklich: „Aber merke dir eins und präge es dir in deinen noch bildsamen Geist: Entsetzen erfüllt den Menschen vor der Einsamkeit."[5]

Die überforderten Liebesbeziehungen

Um der Einsamkeit zu entgehen, sucht fast jeder Mensch nach einem anderen, mit dem er zusammenleben und Freuden und Sorgen teilen kann. Die Liebe gilt als das Heilmittel gegen die Einsamkeit. Und das Bedürfnis nach Zärtlichkeit und Sexualität unterstützt den Wunsch nach einem Partner. Dieser soll dann die vielfältigen Erwartungen erfüllen. „Du bist die Welt für mich", heißt es in einem alten Schlager. Diese Aussage ist bei frisch Verliebten verständlich. Doch die meisten werden bald feststellen, dass man neben der Liebesbeziehung noch andere intensive Beziehungen pflegen muss. Sonst überfordert man die Partnerschaft und setzt sie dadurch aufs Spiel.

Wenn zwei Menschen zu sehr voneinander abhängig sind und zu wenig Austausch mit der Außenwelt haben, steigt ihr emotionaler Stresspegel. Es entsteht eine Wagenburgmentalität: Man hält gegen die bedrohliche Außenwelt zusammen, ist voneinander abhängig, reibt sich aneinander. Die Streitigkeiten nehmen zu, und die Partner reagieren immer gereizter. Wir kennen dieses Phänomen von den Raumschiff- und U-Bootbesatzungen, die dichtgedrängt viele Wochen miteinander auskommen müssen. In diesen Zustand begeben sich Paare, wenn sie keine echten Freunde haben, mit denen sie sich emotional austauschen können. Häufig tritt dann ein Partner den Weg in die 'innere Emigration' an. Meist sind es die Männer, die sich stundenlang vor den Fernseher setzen und sich Sportsendungen ansehen. Oder sie werkeln in ihrem Hobbykeller herum oder haben ständig Kopfhörer auf, um sich die neuesten Schallplatten anzuhören. Viele Frauen ertragen das nicht. Sie erkranken, wenn sie vergeblich ihre Männer auffordern, gemeinsam etwas zu unternehmen und über die Beziehung zu reden. Viele Frauen, die in den letzten zwanzig Jahren wegen Depressionen, Angstzuständen und psychosomatischen Störungen in meine Praxis kamen, litten an ihrer Abhängigkeit von einem distanzierten Ehemann. So erzählte mir beispielsweise eine 38-jährige Verkäuferin: *„Am Anfang waren wir sehr verliebt. Doch dann wurde ich schwanger, und bald wurde die Partnerschaft schwierig. Ich hatte mich ganz auf die Familie konzentriert. Meinen Beruf hatte ich für ihn und die Kinder aufgegeben und meine Freunde vernachlässigt. Mit meinen Freundinnen traf ich mich immer seltener, weil ich glaubte, dass das mein Mann nicht gern sehe. Aber das war nicht klug, denn er fühlte sich nun durch meine Ansprüche bedrängt. Zunehmend zog er sich von mir zurück. Schon am Frühstückstisch redete er kaum mit mir und las*

Zeitung. Und abends setzte er sich vor den Fernseher. Ich wollte mit ihm über die Beziehung reden, doch er wurde immer schweigsamer. Und ich wurde immer nervöser und ängstlicher. Er hatte ja wenigstens seinen Beruf und redete dort täglich mit anderen Menschen. Doch für mich war 'Er' der Mittelpunkt meines Lebens. Ich besuchte zwar regelmäßig meine Gymnastikgruppe und gehörte auch dem Kirchenchor an. Trotzdem ging es mir immer schlechter, und ich begann deshalb eine Psychotherapie. Mir wurde geraten, meine früheren Freundschaften zu aktivieren und wieder eine kleine Arbeit aufzunehmen. Nach einigen Monaten fühlte ich mich wieder freier und begann aufzuatmen..."

Wir brauchen Freundschaften

Es wächst heutzutage zunehmend die Einsicht, dass es verhängnisvoll ist, zu viel von seinem Liebespartner zu erwarten und von ihm abhängig zu werden. Die frühere Überschätzung der Liebesbeziehungen ist weitgehend einer realistischen Betrachtungsweise gewichen. Es wird davor gewarnt, dass die Liebe eine Sucht sein könne und gemahnt, man solle seinen Partner nicht mit überhöhten Ansprüchen behelligen. Doch wie soll das möglich werden? In den siebziger Jahren wurde vor allem die Teilnahme an Gruppen propagiert, um die einengenden Familienstrukturen zu überwinden. Das war sicher nicht falsch, aber es war nicht ausreichend. Gruppen sind oft zu anonym und man kann sich auch in einer großen Gemeinschaft sehr einsam fühlen. Wir brauchen auch nahe persönliche Beziehungen. Wir brauchen individuelle Beziehungen, die herzlich sind und uns trotzdem nicht einengen. Wir brauchen Freundschaften und nicht nur Liebesbeziehungen. Zwar sind Freundschaften distanzierter, aber dafür auch weniger krisenanfällig und man kann jeweils neu entscheiden, wann man mit den Freunden zusammen ist. Die für Lie-

besbeziehungen übliche Selbstverständlichkeit „wir verbringen die Zeit miteinander" entfällt. Auf diese Weise beinhalten
Freundschaften ein starkes Element der Freiheit. Sie ermöglichen Nähe aber man behält trotzdem seine Freiheit. Deshalb
sind Freundschaften die Beziehungsform unserer Zeit.

Welch eine kostbare Blume
ist die Freundschaft,
ohne sie kann selbst ein
starker Mann nicht lange leben.
Robert Walser

Die sieben Gründe für Freundschaften

Als ich vor vielen Jahren damit begann, Freundschaftsberatungen durchzuführen, stieß ich auf ein großes Interesse. Die
meisten Teilnehmer hatten eine Partnerschaft, aber das
reichte ihnen nicht. Sie waren durchaus bereit, mehr Zeit in
ihre Freundschaften zu investieren, denn sie hatten den Eindruck, dass sie ihre Freundschaften bisher vernachlässigt hatten. Sie waren mehrheitlich fest entschlossen, sich wieder
stärker um ihre Freundschaften zu kümmern. *„Durch gute
Freundschaften wird man viel lebendiger und beschwingter.
Und man fühlt sich sicherer, als wäre man irgendwo ange-
kommen, man ist nicht mehr so einsam. Man verliert viel im
Leben, wenn man seine Freundschaften vernachlässigt"* –
lautete die übereinstimmende Einsicht der Teilnehmer.

Ich erlebte jedoch auch eine bemerkenswerte Ausnahme.
Eines Tages kam ein älterer, ziemlich vermögender Geschäftsmann zu mir, der auf mich einen abgekämpften Eindruck
machte. Sein Geschäft lief gut, seine Ehe schlecht und er lebte
sehr einsam. Er litt vor allem unter schweren Schlafstörungen. Im Laufe der Gespräche hatte ich den Eindruck, dass
seine Schlafstörungen die Folge eines starken Gefühls der Un-
geborgenheit und Einsamkeit waren. Dieser Geschäftsmann
hatte niemanden, mit dem er wirklich reden konnte. Seine
Frau war immer sehr mürrisch, und als ich ihn im Laufe der
Gespräche fragte, ob ihm nicht Freunde fehlten, antwortete
er fast gereizt: *„Meine Frau ist wichtig für den Haushalt und*

manchmal ist da auch noch ...na, das Sexuelle. Auch meine Geschäftspartner nützen mir was. Doch was bringen mir Freunde?" Ich muss gestehen, dass ich zunächst etwas verblüfft war. Ich erläuterte ihm, inwiefern Freundschaften sein Leben bereichern und zu einer Heilung seiner Schlafstörungen beitragen könnten. Doch die nüchterne Frage nach dem Nutzen der Freundschaften beschäftigte mich weiter. Kennen wir denn den 'Nutzen' der Freundschaften? Würden wir nicht viel mehr für unsere Freundschaften tun, wenn wir wüssten, wie sehr wir selbst davon 'profitieren'? Als ich diese Frage in einer Kleingruppe besprach, antwortete ein junger Student der Betriebswirtschaft: *„Wir ahnen alle, dass es uns besser gehen würde, wenn wir gute Freundschaften hätten. Doch wir wissen es nicht genau. Vielleicht ist das so wie mit der gesunden Lebensweise: Man ahnt, dass es gut wäre abzunehmen, das Rauchen einzustellen und mehr Gemüse zu essen. Doch man kann sich den Erfolg nicht plastisch genug vorstellen und ist deshalb nicht genügend motiviert, seine Lebensweise wirklich umzustellen. Und es macht ja keinen Sinn, wenn man sich dann sagt: Du musst Freundschaften haben. Man muss das schon spüren, sonst wird das nichts."* Es stimmt schon, dass die Freundschaften oft Stiefkinder sind. Kaum jemand kommt doch auf den Gedanken, soviel Zeit und Kraft in seine Freundschaften zu investieren wie in die Partnerschaftssuche. Mancher verbringt heutzutage fast eine Stunde am Tag im Internet, um den passenden Partner zu finden. Andere gehen wochenlang zu einem Coach, um sich in den beruflichen Bewerbungsgesprächen richtig präsentieren zu können. Und oft gehen wir zweimal in der Woche ins Fitness-Studio. Doch wer kümmert sich so intensiv um seine Freunde? Insofern glaube ich, dass wir uns die Bedeutung von Freundschaften immer wieder bewusst machen müssen. Um die Teilnehmer meiner Freundschaftskurse genügend zu motivieren, berichte ich ihnen am Anfang daher immer von den zahlreichen Glücksforschungen. Doch die Aussage, dass

Freundschaften glücklich machen, dass man mit ihnen das Einsamkeitsproblem lösen könne, war mir zu allgemein. Es gibt Aussagen, die wir hören und die uns trotzdem nicht berühren. Deshalb fasse ich meine Forschungsresultate in den sieben positiven Freundschaftsfaktoren zusammen. Sie machen deutlich, dass unser Leben erheblich stabiler und glücklicher werden könnte, wenn wir die Kunst der Freundschaft erlernen würden.

1. Mit guten Freundschaften lebt man länger

Gute Freundschaften sind ein Lebenselixier. Wir brauchen sie so nötig wie das Wasser, die Nahrung und die Luft. Ohne Freunde können wir nicht leben. Nun wird mancher feststellen, dass er viele Menschen kennt, die keine Freunde haben. Doch was ist das für ein Leben? Und wenn ein Mensch überhaupt keine Freunde hat, ist dann nicht sein Leben vorzeitig zu Ende? Schon immer wussten wir um die Tatsache, dass Frauen, die im Allgemeinen wesentlich bessere Freundschaften als Männer haben, etwa acht Jahre länger leben. Diese Erkenntnisse wurden nun durch australische Forscher untermauert. In einer Langzeitstudie verfolgten sie 10 Jahre lang das Leben von 1500 Menschen, die älter als 70 Jahre waren. Hierbei zeigte sich, dass sich ihr Leben bei intensiven freundschaftlichen Verbindungen deutlich verlängerte, während enge Kontakte zu Kindern und Verwandten die Lebenserwartung nur unwesentlich beeinflussten. Die Teilnehmer mit dem stärksten Netzwerk hatten eine um 22% höhere Lebenserwartung als jene Menschen mit den wenigsten Freundschaften.

2. Gute Freunde stärken das Immunsystem

Es ist ein beruhigendes Gefühl, sich im Notfall auf seine Freunde verlassen zu können. Gute Freunde geben uns ein

Gefühl der Sicherheit. Sie bewirken, dass sich um uns herum ein unsichtbarer Schutzwall aufbaut, der unsere Seele und unseren Körper umgibt. Viele Ärgernisse und Schwierigkeiten des Lebens können an diesem Wall abprallen, weil wir uns durch unsere Freundschaften in dieser Welt trotz all ihrer Probleme geborgen fühlen. Fehlen uns solche Freundschaften, besteht die Gefahr, dass der durch die großen und kleinen Schwierigkeiten verursachte Stress allmählich unser Leben bestimmt. Man könnte auch sagen, dass Freundschaften der 'Vorgarten der Seele und unseres Körpers' sind. Ohne diesen 'Garten' sind wir sowohl seelisch als auch körperlich sehr verwundbar. Wir können dann in Belastungssituationen sogar ernsthaft erkranken, weil uns die notwendigen körperlichen Abwehrkräfte fehlen.

Wenn jemand für längere Zeit eine körperliche Krankheit hat, wird ein kluger Arzt immer die Frage nach dem Immunsystem des Patienten stellen. Er weiß, dass die Abwehrkraft eines Menschen entscheidend von seiner Lebensstimmung, seiner Lebensfreude und somit auch von seinen Beziehungen abhängt. Kurz gesagt: Mit guten Freundschaften lebt man gesünder. Das hat auch der amerikanische Psychologe John Jemmot nachgewiesen. Er untersuchte die Reaktionen des Immunsystems von 257 Frauen und Männern. Zuvor erfragte er, wer von ihnen gute Freundschaften hatte und wer eher auf Geld und Macht Wert legte. Dabei zeigte sich, dass die Teilnehmer, denen gute Freundschaften wichtig waren, bessere Abwehrkräfte hatten.[6] Gute Freundschaften können deshalb eine Medizin für einen kranken Menschen sein. Doch wie würden Sie reagieren, wenn Ihr Arzt auf den Rezeptblock schriebe, Sie sollten sich gute Freunde suchen? So merkwürdig wäre das gar nicht. Ist es nicht problematisch, dass jedes Jahr viele Millionen für Medikamente gegen Schlafstörungen ausgegeben werden? Es gilt daher, die Mahnung Francis Bacons zu beherzigen. Dieser meinte schon vor mehr als 400 Jahren, es gäbe zwar viele Arzneien gegen kör-

perliche Beschwerden, „aber keine Arznei erschließt das Herz
so sehr wie ein treuer Freund, dem man seine Leiden und
Freuden, Ängste und Hoffnungen, seine Sorgen und Geheimnisse und alles, was sonst noch das Herz bedrückt, gleichsam
wie in einer Art von weltlicher Beichte bekennen kann."[7]

3. Freundschaften verringern Sorgen

Freundschaften beruhigen unser ‚Nervenkostüm'. Zwar kann
man einwenden, dass konfliktreiche Freundschaften auch
sehr viel Stress verursachen können. Das stimmt natürlich.
Schwierige Freundschaften können sogar Krankheiten auslösen. Das zeigte jedenfalls die Erfahrung der 40-jährigen Angestellten Petra, die immer ein Bedürfnis nach sehr engen
Freundschaften hatte. Eine solche Busenfreundschaft war vor
einigen Wochen auseinandergegangen. Petra litt seelisch sehr
stark unter der Trennung und erkrankte schließlich so
schwer, dass sie der Hausarzt an mich überwies. In einem
Vorgespräch erzählte mir Petra: *„Ich hatte eine sehr enge
Freundschaft mit einer Sportkollegin. Wir waren meist ein
Herz und eine Seele. Manchmal sagte mein Mann, wir seien
wie 'das doppelte Lottchen'. Wir konnten über vieles reden,
da wir ähnliche Interessen hatten. Doch plötzlich hatte sie
noch eine andere Freundin. Es lag Eifersucht in der Luft.
Nach einem schwelenden Streit ging die Freundschaft auseinander. Heute grüßen wir uns kaum noch. Mir hat das sehr
zugesetzt. Ich bekam plötzlich eine schwere Erkältung und
eine chronische Stirnhöhlenvereiterung. Ich glaube, ich war
nach der Beendigung der Freundschaft wirklich seelisch un-
terkühlt und verschnupft."*

   Leider gilt sowohl in der Liebe als auch in der Freundschaft die alte Erkenntnis: Das, was uns glücklich machen
kann, kann uns auch verletzen. Unverletzlich sind wir nur
dort, wo wir gleichgültig sind. Daher ändern negative Erfahrungen nichts an der Tatsache, dass gute Freundschaften eine

sehr beruhigende, Spannung reduzierende Wirkung haben. Ein Gespräch unter guten Freunden dämpft Sorgen und reduziert Ängste. Insofern tragen solche Freundschaften zur seelischen und körperlichen Gesundheit bei. Deshalb war ich nicht überrascht, dass ich bei vielen Patienten, die unter starken psychosomatischen Störungen litten, einen auffälligen Mangel an guten Freundschaften diagnostizierte. Vor allem bei Kopfschmerzen, Migräne, Schlafstörungen, Bluthochdruck und psychisch bedingten Hautproblemen fiel mir auf, dass die Patienten kaum Freunde hatten, mit denen sie offen über sich reden konnten. Dadurch ergab sich für sie ein innerer Stress, der letztlich zu den psychosomatischen Symptomen führte. Besonders wichtig sind die freundschaftlichen Gespräche natürlich für jene Menschen, die ständig unter dem Gefühl leiden, irgendeine Krankheit zu haben. Das reduziert die Angst vor dem Krebs, einem Herzleiden und anderen Krankheiten erfahrungsgemäß ganz erheblich. Im Idealfall kann man mit einem Freund über alles reden und muss selbst heikle Themen nicht aussparen. Sehr anschaulich fand ich diesen Gedanken bei den nordamerikanischen Indianern ausgedrückt. Für sie ist der Freund ein Mensch, „der meine Sorgen auf dem Rücken trägt„.

4. Freunde als Hilfe in der Not

Nicht jeder wendet sich an Freunde, wenn er Probleme hat oder gar unter einer schweren Krankheit leidet. „Blut ist dicker als Tinte und auf die anderen Beziehungen würde ich mich schon gar nicht verlassen“, – meinte erhitzt ein älterer Diplom-Ingenieur, als wir in einer Therapiegruppe über die Bedeutung der Freundschaften sprachen. Er war überzeugt, dass er sich im Krankheitsfall nur auf seine Eltern verlassen könne. Blutsbande seien eben fester als die Tinte eines Ehevertrags. Und auf Freunde würde man im Notfall schon gar nicht bauen können. Ich selbst habe bisher andere Erfahrungen gemacht und fand deshalb eine internationale Studie interessant, in der die Frage gestellt wurde, vom wem man sich Hilfe in Notsituationen erwarten würde. Bei seelischen Problemen und schwerwiegenden Entscheidungen würden sich fast 28% der Befragten an den Partner und über 18% an Freunde wenden. Nur 8,7% würden zu ihrer Mutter, 3,7% zu ihrem Vater und 1,1% zu ihrem Pfarrer gehen.[8] Offenbar haben die Freunde für die meisten Menschen in Notsituationen neben dem Partner die größte Bedeutung. Das habe ich gerade in den letzten Tagen eindrucksvoll feststellen können. Mein bester Freund kam überraschend ins Krankenhaus, viele Freunde boten ihre Hilfe an. Es war eine ungeheure Solidarität und auch dies wird dazu beigetragen haben, dass mein Freund die Kraft fand, die schwere Krankheit zu überwinden.

5. Freunde stabilisieren unser Ich

Es wird immer wieder Zeiten im Leben geben, in denen wir unsere Aufmerksamkeit stärker auf den Beruf oder den Partner konzentrieren. Doch spätestens dann, wenn uns gute Freunde verlassen oder für lange Zeit nicht erreichbar sind, werden wir sie vermissen. Bald wird uns der Austausch mit unserem Freund fehlen. Unser Ich wird ein wenig wackliger. Es wird poröser wie ein Gestein, das den Schadstoffen der Luft ausgesetzt ist. Denn wie die Balken in einem Fachwerkhaus sind die Freundschaften wichtig für unsere innere seelische Struktur. Fehlen solche Freundschaften, sind wir anfällig für eine Depression und Angststörungen. Solange wir in den üblichen Bahnen des Alltags leben, werden wir das Freundschafts-Defizit nicht unbedingt bemerken. Sobald wir aber etwas unternehmen, das unser Selbstbewusstsein strapaziert, wird uns bewusst, dass der stabilisierende Einfluss der Freunde fehlt. Ich selbst rufe gern meine guten Freunde an, bevor ich beispielsweise ein wichtiges Fernseh- oder Rundfunkinterview gebe. Das dämpft mein Lampenfieber etwas. Ich bin immer irritiert, falls ich keinen meiner Freunde erreiche. Mit großer Anteilnahme las ich deshalb, dass auch Franz Kafka unruhig wurde, wenn sein bester Freund Max Brod für längere Zeit abwesend war. Er fühlte sich geradezu amputiert und äußerte, er habe ein Periskop – eine Sehhilfe – eingebüßt.

6. Durch Freundschaften können wir Krisen bestehen

Am stärksten sind wir auf unsere Freunde in Krisenzeiten angewiesen. Krisen werden immer durch extreme Verunsicherungen ausgelöst. Wer hat nicht schon solche Krisen erlebt, die oft damit zusammenhängen, dass wir aus dem gewohnten sozialen Rahmen herausgerissen werden? Wer sich von seinem Partner trennt oder ihn durch den Tod verloren hat, wird die Verzweiflung kennen, die man nur mit guten Freunden überwinden kann. Diese sind bereit, sich immer wieder die Sorgen und Kümmernisse anzuhören, auch wenn man tage- und wochenlang von den gleichen Ängsten erzählt. Stehen solche Freunde nicht zur Verfügung, kann ein Mensch gleichsam das Gefühl haben, in ein dunkles Loch zu stürzen. In den letzten Jahren habe ich viele Gespräche mit Menschen geführt, die nach einer Trennung in eine tiefe Krise geraten waren. Sie hatten den festen Boden unter den Füßen verloren.

So erging es auch dem 35-jährigen Uwe, der als Programmierer tätig ist. Er ist ein etwas hitziger junger Mann, der leicht mit anderen in Konflikt gerät. Auch mit seiner Frau gab es deshalb viele Auseinandersetzungen. Trotzdem hing er sehr an ihr. Sie hatte Bewegung in sein Leben gebracht und immer wieder jene Nähe hergestellt, die er brauchte. Außer ihr kannte er niemanden, dem er sich anvertrauen konnte. Uwe erzählte mir: „Ich stamme aus einer gefühlsmäßig sehr kargen Familie und hatte nie richtige Freundschaften. Ich hatte nur Freunde, mit denen ich Skat spielte und Bier trank. Doch bei meiner Frau fühlte ich mich geboren. Als sie sich von mir trennte, riss in mir ein Faden. Ich lief wochenlang wie mit einer Mattscheibe durch die Gegend und zog mich immer mehr von allen zurück."

Ähnliche Krisen können auch ausgelöst werden, wenn man seine Arbeit verliert. Neben den finanziellen Problemen ergibt sich dann das Problem der Lebensgestaltung. Die Selbstachtung sinkt, wenn man längere Zeit keiner sinnvollen Beschäftigung nachgeht. Man wird gereizt und depressiv, und darunter leidet natürlich auch die Partnerschaft. Wer sich dann nicht auf Freunde stützen kann, wird leicht in eine Krise geraten. Zu einer vernünftigen Krisenabwehr gehört es offensichtlich, dass man sein Leben auf drei Beine stellt: die Liebe, die Arbeit und die Freundschaften. Alfred Adler war der Überzeugung, dass dies die drei Lebensaufgaben sind, die wir lösen müssen. Es ist verhängnisvoll, wenn wir eine dieser Lebensaufgaben vernachlässigen. Wir müssen immer damit rechnen, dass ein 'Lebensbein' vorübergehend ausfällt. Nur wer diese drei Lebensbereiche wirklich pflegt, wird auch in einer Krise immer noch auf zwei Beinen stehen können. Insofern sollten wir wie ein guter Kaufmann eine 'Risikostreuung' vornehmen und unser Lebensinteresse nicht nur auf die Liebe und die Arbeit, sondern auch auf Freundschaften richten.

7. Sicherheit: eine Freundschaft als unzerreißbares Band

Es hat mich immer sehr beeindruckt und hoffnungsfroh gestimmt, welche Krisen Menschen meistern konnten, wenn sie gute Freunde hatten. Doch manchmal ist der Begriff ‚Krise' noch zu schwach. Wenn wir sehr schwer erkranken und wissen, dass wir sterben werden, ist dies buchstäblich ein Weltuntergang. Wenn der Boden unter unseren Füssen bebt – brauchen wir Freunde, die zu uns halten. Wie stabilisierend Freunde sein können erlebten viele Menschen vor allen in den Zeiten des Krieges. Sogar den Verlust der Heimat konnten sie im Nationalsozialismus überstehen, obgleich sie ihren

Wirkungskreis, viele Menschen, ihre Wohnung, ihre vertraute Umgebung verloren. Ihre Seelenstärke kann man nur ermessen, wenn man bedenkt, wie viele diesen Verlust nicht überwinden konnten. Nicht nur Kurt Tucholsky und Stephan Zweig resignierten und setzten ihrem Leben vorzeitig ein Ende. Unzählige andere verkrafteten den Verlust der Heimat nicht, wurden nie heimisch im Exil. Umso bemerkenswerter ist für mich die Stellungnahme von Carl Zuckmayer, der in seiner Autobiographie über diese Existenzbedrohung schreibt: *„Die einzige Heilkraft, die es dagegen gibt, der einzige Halt in diesem lockeren Treibsand, ist die Existenz der Freunde. Der alten, angestammten, von denen es auch über Jahrzehnte hinweg keine Entfremdung gibt, und solcher, die plötzlich da sind, als hätte man sie schon immer gekannt, als wäre man schon vor der Geburt, in einem früheren Leben, mit ihnen verbunden gewesen...*

Denke ich an die hellsten und an die schwärzesten Stunden in meinem Leben und im Leben derer, die mir nahestanden, so ist die Freundschaft wie ein festes, sichtbarliches, unzerreißbares Band hindurch geschlungen. In den guten Zeiten war sie eine Steigerung im gegenseitigen Geben und Empfangen. In den Zeiten der Not wurde sie zu einem Anker, an den man sich hielt, zur Lotsenschaft, manchmal zum Rettungsring, und immer, auch in den Niederbrüchen, auch im Geschlagensein, blieb sie ein irdisches Fanal, ein Feuerschiff, ein Signal im Nebel.“[9]

Offenbar können uns Freundschaften ein tiefes Gefühl der Sicherheit geben. Was eine gute Mutter für ihr Kind ist, können gute Freundschaften für uns Erwachsene sein. Sie können uns das Gefühl vermitteln, dass wir nie ganz allein, nie den Wechselfällen des Lebens ganz ausgeliefert sind. Sie können das Fundament unseres Daseins sein und uns helfen, auch die dunklen Stunden des Lebens zu überstehen.

Freundschaft – eine schwierige Lebensaufgabe

Es ist wohl deutlich geworden, dass Freundschaften lebenswichtig sind. Doch nicht immer sind Freundschaften beglückend. In den meisten Freundschaften gibt es mehr oder minder tiefgreifende Probleme. Und mancher wird sogar in die Klage Goethes einstimmen können, er habe unter seinen Freunden leiden müssen. Mich hat es deshalb immer gestört, wie sehr Freundschaften in Büchern und Vorträgen verklärt werden. Die Schwierigkeiten und Probleme der Freundschaften bleiben meist unberücksichtigt. Mit unseren alltäglichen Durchschnittsfreundschaften hat das wenig zu tun.

Nach meiner Erfahrung gehört die Freundschaft ebenso wie die Liebe zu den 'schwierigen Lebensaufgaben'. Wenn man noch sehr jung und unbekümmert ist und einen wahrhaft guten Freund gefunden hat, kann man vielleicht ein uneingeschränktes Loblied auf die Freundschaft singen. Doch wenn man älter und erfahrener geworden ist und die ersten Freundschaftskrisen erlebt hat, wird man bei diesem Thema etwas nachdenklicher reagieren. Man kennt die Schwächen seiner Mitmenschen – ein wenig auch die eigenen – und ahnt, dass wahre Freundschaften sehr wertvoll und nicht gerade häufig sind. Trotzdem sehnt man sich nach echten Freunden und ist etwas ratlos. Jedenfalls war ich es, als ich mich vor vielen Jahren für dieses Thema interessierte. Freundschaften waren für mich immer sehr wichtig. In meiner Kindheit und Jugend war ich mit einem Jungen aus dem Nachbarhaus befreundet. Wenn wir uns treffen wollten, pfiffen wir aus dem Hoffenster unser Signal und streiften dann oft stundenlang gemeinsam durch die Stadt. In meiner Studienzeit hatte ich zahlreiche Freundschaften mit Kommilitonen, mit denen ich manchmal bis in den frühen Morgen hinein über 'Gott und Welt' diskutierte. Und während meiner Therapeutenausbildung und dem Aufbau meiner Praxis hatte ich einige intensive Freundschaften mit Berufskolleginnen und -kollegen. Sie empfand ich als besonders beglückend, da wir sowohl über persönliche als auch über berufliche Fragen sprechen konnten und darüber hinaus eine gemeinsame Lebensanschauung hatten. Allerdings musste ich im Laufe der Jahre auch die Erfahrung machen, dass meine nahen Freundschaften immer sehr aufregend waren. Sie waren buchstäblich aufregend in doppelter Hinsicht. Sie waren sehr intensiv und zugleich sehr konfliktanfällig. Das veranlasste mich, eine eigene Standortbestimmung vorzunehmen. Ich begann die gesamte alte Freundschaftsliteratur durchzuarbeiten. Mir wurde klar, dass gute Freundschaften zu führen eine Kunst ist, die man erlernen muss. Dazu gehören beispielsweise die aktive Gestaltung der Freundschaften, die richtige Auswahl der Freunde und die Fähigkeit, Konflikte zu lösen. Ob wir gute Freundschaften haben, hängt wesentlich davon ab, ob wir diese Freundschaftskunst beherrschen, die leider in den Schulen nicht gelehrt wird. Dort erlernen wir zwar das Rechnen und Schreiben und verschiedene Sprachen. Doch die Sprache der Freundschaft wird uns nicht vermittelt. Die Kunst der Freundschaft nimmt man in unserer Gesellschaft offenbar nicht wichtig genug. Es ist doch merkwürdig, dass es für alle möglichen Probleme Beratungsstellen gibt. Wer unter Ängsten oder einer Depression leidet, sucht eine psychotherapeutische Beratungsstelle auf, Ehepaare melden sich bei einer Eheberatungsstelle an und Sexualberatungsstellen helfen bei der Klärung der sexuellen Schwierigkeiten. Für alles gibt es Rat und Hilfe: für die Altersversorgung gibt es Rentenberater, für den Umgang mit dem Finanzamt Steuerberater und für den Kunden Verbraucherberater. Doch als ich mit meinem Freundschaftsprojekt begann, gab es meines Wissens keinen einzigen Freundschaftsberater. Angesichts der großen Bedeutung von Freundschaften konnte ich mich nicht damit abfinden. In meiner therapeutischen Tätigkeit ist deshalb die 'Freundschaftsberatung' ein fester Bestandteil. Natürlich ist das Defizit an Freundschaften für die meisten Patienten nicht der Auslöser für den Beginn einer Psychotherapie. Meist kommen sie, weil sie unter Ängsten, Partnerschaftsschwierigkeiten und psychosomatischen Symptomen leiden. Doch bei fast allen Patienten wurde mir im Laufe der Gespräche deutlich, dass ihre Probleme auch mit einem starken Einsamkeitsgefühl zusammenhingen. Sie hatten vor allem ein massives Freundschaftsdefizit, und so kam es, dass ich immer mehr in die Rolle eines Freundschaftsberaters hineinwuchs.

> Wirklich gute Freunde sind Menschen,
> die uns ganz genau kennen und
> trotzdem zu uns halten.
> *Marie von Ebner-Eschenbach*

Wie erkenne ich einen wirklichen Freund?

In meinen Freundschaftskursen mache ich am Anfang immer eine ‚bunte Runde' und bitte die Teilnehmer um Fragen. Eine Frage wird fast immer gestellt: was ist ein wirklicher Freund? Natürlich ist diese Frage nicht einfach zu beantworten. Mancher stellt sogar infrage, dass es wirkliche Freundschaften gibt. Beispielsweise provozierte mich vor vielen Jahren ein Journalist mit der These, wirkliche Freundschaften seien in unserer modernen Zeit altmodisch. Wir würden in einem 'schnellen Jahrhundert' leben, das sehr zur Oberflächlichkeit verleitet. Insofern sei meine Suche nach echten Freundschaften doch ziemlich romantisch. Vielleicht wollte er mich etwas ärgern. Jedenfalls stellte er am Schluss des Gesprächs auch noch die Frage, wie ich die Freundschaft zwischen dem deutschen Bundeskanzler Helmut Kohl und dem amerikanischen Präsidenten Bush einschätzen würde. Ich glaube nicht, dass die beiden wirklich befreundet waren. Helmut Kohl wird Bush kaum von seinen persönlichen Schwierigkeiten berichtet oder ihm sogar etwas über Eheprobleme erzählt haben. Dennoch ist die Frage des Journalisten nicht ganz unberechtigt, denn sie passt in die heutige Zeit.

Mit dem Begriff Freundschaft gehen wir sehr nachlässig um. Es ist üblich, dass sich Politiker der Freundschaft mit dem Präsidenten eines fernen Landes rühmen, auch wenn sie nur einige Male in Anwesenheit eines Dolmetschers mit ihm gesprochen haben. Im Wirtschaftsleben ist der andere Manager bereits 'ein guter Freund', wenn man ihn einmal zum Essen eingeladen hat. Selbst der Arbeitgeber nennt seine Untergebenen 'meine lieben Freunde', obgleich er nicht im Traume daran denkt, sie wie solche zu behandeln. Diese Inflation des Freundschaftsbegriffs gibt es auch im Alltagsleben: Jede kurzlebige Beziehung wird von manchen geselligen Menschen zur Freundschaft erklärt. Sie handeln wie die kleinen Kinder, die recht schnell Freundschaften schließen und wieder beenden. Nun könnte man Kinder direkt um diese Fähigkeit beneiden. Wenn sie einen Spielkameraden brauchen und gefunden haben, dann fragen sie ihn: 'Willst Du mein Freund sein?' Und wenn dieser seinen Roller nicht leihen will, wird die Freundschaft für einige Stunden kurzerhand aufgekündigt. Aber als Erwachsene sollten wir andere Anforderungen an unsere Freunde und uns stellen.

Die Freundschaft ist eine Sympathiebeziehung

Was also ist eine Freundschaft? Kürzlich las ich den Aphorismus: „Freunde sind Leute, die meine Bücher entleihen und nasse Gläser darauf stellen."[10] Diese vorbildlich knappe Definition ist leider nicht ganz ernst zu nehmen. Ich bat deshalb die Teilnehmer meiner Kurse, eine gute, kurze Definition für Freundschaften zu finden. Zunächst waren sie etwas ratlos. Dann brachten sie einige Vorschläge, die meist viel zu lang waren und einigten sich schließlich darauf, dass eine wirkliche Freundschaft eine intensive Sympathiebeziehung ist. Allerdings halten diesem Anspruch die meisten Freundschaften nicht stand. Das beklagte schon im 16. Jahrhundert der französische Philosoph Montaigne. Er meinte, gewöhnlich seien das, „was wir Freundschaften und Freunde nennen, nur Bekanntschaften und Beziehungen, die durch irgendwelche Gelegenheit oder geschäftliche Anknüpfungen geschaffen" wurden.[11] Auch in meinen Kursen erzählten die Teilnehmer, dass sie nur sehr wenige Freundschaften hätten. Alle anderen Beziehungen wären eigentlich eher Bekanntschaften.

Die unbefriedigenden Bekanntschaften

Ein 46-jähriger Architekt kam sogar zu dem Ergebnis, dass er nur Bekanntschaften habe. Seine Einschätzung stieß auf Verwunderung, denn er wirkte sehr kontaktfreudig, war elegant gekleidet und recht gesprächig. Ich bat ihn deshalb, mir seine Erlebnisse niederzuschreiben. Nach einigen Wochen übergab er mir folgenden Bericht: *„Ich bin (noch immer) verheiratet. Im letzten Urlaub haben wir ein nettes Ehepaar kennengelernt. Bei einigen Gläschen Wein haben wir uns angefreundet und vereinbart, dass wir hin und wieder ihre Ferienwohnung haben können. Und befreundet bin ich auch mit meinem Nachbarn. Mit ihm kann ich wunderbar über die Apfelernte, den Schädlingsbefall und das leidige Wetter reden. Und ich bin auch mit meinem Zahnarzt befreundet. Jedenfalls kommen wir gut miteinander aus. Ich weiß, dass er zwei nette Töchter hat, die schon in die Schule gehen. Er ist mit einer interessanten Frau verheiratet. Einmal im Jahr bin ich zu ihrer großen Gartenparty eingeladen und dann hatte ich bisher immer das Gefühl, dass ich doch einige nette Freunde habe. Bis ich kürzlich in eine Krise geriet. Meine Frau hatte sich in einen jüngeren Mann verliebt. Außerdem hatte ich große finanzielle Sorgen. Ich schlief zunehmend schlechter und eines Nachts wachte ich schweißüberströmt auf. Plötzlich war mir klar: 'Ich bin allein auf der Welt, weil ich keine Freunde habe.' Das sind alles nur Bekannte, denen ich mich nie vollständig anvertrauen würde. Meine Beziehung zum Zahnarzt ist noch am intensivsten. Das liegt wohl daran, dass eine gewisse Vertrautheit entstanden ist, weil er regelmäßig meine Zähne behandelt. Gewissermaßen kommen wir uns körperlich nahe und ich rede bei ihm etwas mehr über mich als* *sonst. Doch auch ihn kenne ich nicht wirklich und er kennt mich nicht. Was weiß ich über seine Ehe? Vielleicht ist sie nicht so gut, wie es nach außen wirkt. Wir haben doch alle eine Fassade. Ich weiß nicht, ob er Probleme hat. Ich könnte ihn nie fragen, wie es ihm geht. Und ich würde ihn schon gar nicht fragen, ob er eine glückliche Kindheit hatte. Doch würde ich ihm denn meine Probleme anvertrauen? Was würde er denken, wenn er von meinen Geldsorgen hörte? Und wenn ich ihm von dem Geliebten meiner Frau erzählen würde? Ich würde mich doch blamieren! Oder könnte er mich vielleicht doch verstehen? Wer weiß. Ich kenne ihn eben zu wenig."*

Während ich über diesen Lebensbericht nachdachte, fiel mir auf, wie unsinnig doch der Begriff 'Bekanntschaft' ist. Ohne nachzudenken bezeichnen wir Frau Müller und Herrn Krause als Bekannte. Doch in Wirklichkeit 'kennt' man sich nicht, d.h. man hat keinen wirklichen Einblick in das Privatleben des anderen gewonnen. Oft hat man sich lediglich ein paar Mal gesehen, miteinander geplaudert und weiß nun die Namen dieser Mitmenschen. Kennen gelernt hat man sich nicht.

Allerdings waren sich die Teilnehmer meiner Freundschaftskurse darin einig, dass man nun nicht in den Fehler verfallen sollte, seine unverbindlicheren Bekanntschaften allzu gering zu schätzen, nur weil sie weniger tiefgründig als Freundschaften sind. Schließlich sind sie ein wichtiges Element unseres sozialen Lebens. Und es gehört durchaus Geschicklichkeit dazu, Bekanntschaften machen zu können. Schüchternen Menschen gelingt das oft nicht. Vor allem in einer fremden Stadt und im Urlaub merkt man als Single, wie schwer es sein kann, Bekanntschaften zu beginnen. Der Könner auf diesem Gebiet wird scheinbar unkompliziert ein Gespräch eröffnen und über Gott und die Welt reden. Auf diese Weise entsteht eine gesellige Nähe, ein zwangloses Beisammensein, in der keine Langeweile aufzukommen vermag.

Man plaudert über das Wetter, über kulturelle Begebenheiten oder stellt beim Tanzen fest, es sei 'heute so ungewöhnlich voll hier' und aus solchen Belanglosigkeiten entwickelt sich schließlich ein längeres Gespräch. Viele Menschen sind nicht in der Lage, auf diese Weise Bekanntschaften zu schließen. Die üblichen 'Wetterthemen' sind ihnen zu profan.

Als ich noch jünger war, fiel auch mir der small-talk schwer. Bei tiefgründigen Diskussionen war ich dagegen in meinem Element. Doch wie sollte ich auf einer größeren Veranstaltung, wo ich kaum jemanden kannte, ein ernsthaftes Gespräch beginnen? Ich fühlte mich deshalb in meiner Jugend bei Tanzveranstaltungen oder Feten nicht so recht wohl. Erst während der Studentenzeit legte ich diese Kontakthemmungen ab. Deshalb kann ich auch viele meiner Patienten verstehen, die mir von ihren Schwierigkeiten erzählen, Bekanntschaften anzuknüpfen. Meist grübeln sie lange darüber nach, welche tiefgründigen Gesprächsangebote sie dem anderen machen könnten, und schweigen schließlich. Es fällt ihnen leichter, sich von anderen ansprechen zu lassen. Ihnen kommen die vielen Urlaubsclubs entgegen, in denen Kontakte professionell durch Animateure hergestellt werden. Beziehung kann häufig auch ein gemeinsamer Notfall stiften in Form einer Autopanne oder eines Unwetters. Man muss nur einen Grund haben, andere Menschen anzusprechen. Aus solchen zufälligen Bekanntschaften kann sich dann bei gegenseitiger Sympathie durchaus eine richtige Freundschaft ergeben.

Was ist ein wirklicher Freund?

Bekannte mögen manchmal ganz nett sein. Und sie können auch nützlich sein, wenn man umzieht und einige Leute zum Packen oder Kistentragen braucht. Doch mit der Nähe inniger Freundschaften sind Bekanntschaften nicht zu vergleichen. Deshalb wäre es falsch, wenn man den Unterschied zwischen Bekanntschaften und Freundschaften verwischen würde. Wir wollen doch keine 'amerikanischen Verhältnisse'. In Amerika bezeichnet man schnell jeden als Freund. Eine amerikanische Kollegin, mit der ich seit langer Zeit befreundet bin, sagte mir bei einem Telefongespräch: *„Wir Amerikaner befreunden uns sehr rasch. Wir sind offen, kontaktfreudig und hilfsbereit. Wenn Du zum Beispiel eine Autopanne hast, dann hält oft nach kurzer Zeit jemand neben Deinem Wagen und fragt: 'Can I help you?' Man kommt ins Gespräch, geht etwas zusammen trinken und nach 20 Minuten ist man der Freund des anderen. Das ist sehr einfach. Doch solche Freundschaften sind nicht belastbar. Es ist so, dass Amerikaner nicht gern Probleme haben. Es muss immer allen gut gehen. Und wenn man dann einmal Sorgen oder Schwierigkeiten hat, merkt man, dass diese Freunde in Wirklichkeit gar keine sind. Das ist alles oberflächlich. Die Europäer sind da viel konsequenter. Ich finde es gut, dass sie zwischen Bekanntschaften und Freundschaften unterscheiden. „*

Doch was ist eigentlich ein Freund? Im Allgemeinen wird die Freundschaft als eine intensive Bindung betrachtet, in der man auch über sich selbst reden kann. Ich selbst würde nur denjenigen als Freund bezeichnen, der in schwierigen Zeiten zu mir hält. Auch in meinen Interviews hörte ich immer wieder, dass man sich einen Freund wünscht, auf den man sich absolut verlassen könne. Allerdings ist wohl fast jeder schon einmal von seinem besten Freund enttäuscht worden. Vor allem viele meiner Patientinnen erinnerten sich, wie sie in der Schulzeit plötzlich den Verlust der besten Freundin verschmerzen mussten. Eine junge Frau gab mir ihr Tagebuch aus jener Zeit zu lesen. Dort steht: „Ich bin ganz fertig. Durcheinander. Sie hat eine andere. Es ist die Neue in der Klasse. Eine dumme hübsche Pute. Warum?"

Die unzuverlässigen 'Sonntagsfreunde'

Bei Erwachsenen verlaufen solche Enttäuschungen zumindest äußerlich oft weniger dramatisch ab. Meist handelt es sich mehr um eine Kette kleiner Enttäuschungen, die schließlich zu einer Entfremdung führen. Dennoch ist eine solche Abkühlung der Freundschaft kaum weniger schmerzhaft. Ein dramatisches Beispiel dafür ist die Freundschaft zwischen Herta und Marion. Die 40-jährige Herta arbeitet als Erzieherin und kennt Marion schon seit über zehn Jahren. Sie konnten sich bisher gut unterhalten, weil sie beide viel Interesse an sozialen und geistigen Fragen haben. Herta ist ein ruhiger Mensch und deshalb froh, dass Marion sehr unternehmungslustig und fröhlich ist. Herta berichtet: *„Wir unternahmen immer viel zusammen. Gingen ins Kino und ins Theater. Gemeinsam gingen wir tanzen und wandern. Wir sprachen viel miteinander und waren – wie man so sagt – ein Herz und eine Seele. Manchmal fand ich zwar Marion etwas oberflächlich, aber ich war froh, dass sie mich regelrecht ins lärmende Leben hineinzog. Ich war immer ein Grübler und die Freundschaft mit ihr tat mir gut. Doch dann starb meine Mutter und ich zog mich etwas zurück. Dann wurde ich auch noch krank. Jetzt hätte ich Zuspruch gebraucht. Doch meine Freundin rief selten an. Meist musste ich sie anrufen und dann war es irgendwie nicht wie früher."*

Solche Freunde bezeichnet die Dichterin Zenta Maurina als 'Sonntagsfreunde'. Vielleicht klingt es zu drastisch, wenn sie schreibt, dass man mit solchen Freunden lediglich ein Plauderstündchen verbringen könne. Doch es stimmt wohl, dass derartige 'Freunde' zwangsläufig versagen, wenn es gilt, in „dunklen Stunden ein Licht anzuzünden".[12]

Die intoleranten Gruppenfreunde

Eine andere Quelle von Enttäuschungen liegt in dem Umstand, dass viele Freundschaften ihre Basis in einer gemeinsamen Gruppenzugehörigkeit haben. Wenn man der gleichen Partei, einem Sportverein oder einer Kirchengemeinde angehört, ergeben sich aus den gemeinsamen Erlebnissen oftmals interessante Freundschaften. Allerdings ist die Frage wichtig, ob eine solche Beziehung Bestand hat, wenn man sich aus dieser Gruppe löst. Im gewissen Sinne ist das ein Testfall für die Qualität der Beziehung. Dabei spielt nicht nur eine Rolle, dass man sich nach einer Loslösung aus der Gruppe nicht mehr 'automatisch' sieht. Wer sich von einer Gruppe trennt, verstößt meist auch gegen 'heilige Normen'.

Ein Trennungsakt muss nicht unbedingt darin bestehen, dass man tatsächlich geht. Man kann sich von einer Gruppe innerlich entfernen, indem man seine eigenen Ansichten äußert. Wie darauf die 'Freunde' regieren können, erlebte auf eine sehr dramatische Weise der frühere Regierende Bürgermeister von West-Berlin Heinrich Albertz. Er hatte in den Jahren der Studentenbewegung vor Tausenden Studenten von den eigenen politischen Fehlern gesprochen. Mit diesem Bekenntnis hatte er eine Todsünde begangen. Die Reaktion der Parteiführung reichte von „Fassungslosigkeit bis zum blanken Hass„. Als er sich im Abgeordnetenhaus noch einmal zu Wort meldete, fragte der Präsident: ‚Wie heißt doch der Abgeordnete dort hinten?' Er ging dann wie durch eine Wolke von Gift zum Rednerpult und hielt seine Rede. Danach legte er sein Mandat nieder. *„Aus dem Rathaus wurde verbreitet, ich sei aus Berlin weggezogen. – Ich erzähle dies heute ohne alle Bitterkeit, aber um die Erfahrung weiterzugeben, die ja jeder auch unter ganz anderen Umständen und in ganz anderen Umgebungen machen kann, wenn man unbequem ist. Angebliche Freunde werden über Nacht zu Gegnern oder sogar zu Feinden. Du bist noch mitten unter diesen Men-*

schen, aber du existierst nicht mehr für sie. Man muss dies dann aushalten können. Das ist sehr schwierig, doch es geht."[13]

Als wir in einem Freundschaftskurs diese Beispiele diskutierten, waren einige Teilnehmer verunsichert. „Wir wissen doch alle nicht, was wirklich eine Freundschaft ist. Und wie soll man denn im vornherein wissen, wer ein wirklicher Freund ist? Das merkt man immer doch erst, wenn es kracht." – meinte etwas erhitzt ein junger Psychologiestudent. Was also ist ein wirklicher Freund? Und wie erkenne ich rechtzeitig, wer tatsächlich mein Freund ist? Oft sieht man das viel zu spät. Wer im Leben seelische Verletzungen vermeiden will, muss ein sehr genaues Gespür dafür entwickeln, wer zu einer guten Freundschaft fähig ist. Um diese schwierigen Fragen zu klären, wandte ich in dem Kurs einen beliebten Kunstgriff an. Ich bat die Teilnehmer um etwas Geduld und stellte drei außergewöhnliche Freundschaftsbeweise vor. Dann forderte ich sie auf zu überlegen, wie ihre Freunde gehandelt hätten. Und alle sollten sich prüfen, ob sie selbst zuverlässige Freunde gewesen wären.

Freundschaftsbeweis I:
Sein Leben für den Freund hingeben

Es ist sicherlich der größte Freundschaftsbeweis, wenn einer bereit ist, für den anderen sein Leben hinzugeben. Davon handelt das Gedicht 'Die Bürgschaft' von Friedrich Schiller. Der junge Philosoph Damon ist in eine Verschwörung verwickelt, die den Sturz des Tyrannen von Syrakus zum Ziel hat. Sie wird aufgedeckt und Damon zum Tode verurteilt. Daraufhin bittet er den Tyrannen, man möge seine Vollstreckung so lange verschieben, bis er seine persönlichen Angelegenheiten geregelt habe. Nachdem sein Freund für ihn bürgt, geht der

Tyrann auf den Wunsch ein. Allerdings soll der Freund an Stelle von Damon sterben, falls dieser nicht rechtzeitig zurück ist. Natürlich geht der Tyrann davon aus, dass der Verurteilte das Weite suchen wird. Mit hämischer Freude wartet er darauf, dass der Freund erkennen muss, ein Narr gewesen zu sein, sich für Damon auszuliefern. Nun scheint es tatsächlich so, als würde der Tyrann Recht behalten. Am Tag der Hinrichtung ist Damon nicht zurück und sein Freund bereitet sich auf den Tod vor. Währenddessen jagt Damon, der von Räubern überfallen worden ist, der Stadt zu. Es schimmert bereits das Abendrot und man rät Damon, das eigene Leben zu retten, da sein Freund soeben den Tod erleben müsse. Doch Damon will dem Tyrannen den Triumph nicht gönnen. Er eilt in die Stadt, als man soeben den Freund an einem Seil emporzieht.

> „Mich, Henker!' ruft er, erwürget!
> Da bin ich, für den er gebürget!'

Der König ist davon so gerührt, dass er die beiden Freunde vor den Thron führen lässt und den Wunsch äußert, auch in diesen Freundschaftsbund aufgenommen zu werden.

Rosa Luxemburg und Mathilde Jacob

Ein Skeptiker meines Kurses gab zu bedenken, dass sich die von dem Staatsmann und Philosophen Cicero überlieferte Geschichte schon vor vielen Jahrhunderten ereignete und heute nicht mehr nachprüfbar sei: *„Man weiß ja nie, was man in der Zwischenzeit dazugedichtet hat. Ich jedenfalls hänge am Leben und weiß nicht... Solche Menschen gibt es heute nicht mehr."* Ich musste diesem Skeptiker widersprechen. Auch in unserer Zeit gibt es Menschen, die ihr Leben für das eines Freundes riskieren. Das wurde mir nachhaltig bewusst, als ich eine Biographie von Heinz Knobloch las, in der er die Lebensgeschichte der Sekretärin Rosa Luxemburgs nachzeichnet. Rosa Luxemburg hatte Mathilde Jacob, die ihr Geld mit Schreibarbeiten verdiente, im Dezember 1913 kennengelernt. Mathilde Jacob schreibt in ihren Lebenserinnerungen, welch tiefen Eindruck diese Begegnung auf sie machte: *„Ihre großen leuchtenden Augen, die alles zu verstehen schienen, ihre Bescheidenheit und Güte, ihre fast kindliche Freude an allem Schönen, ließen mein Herz für sie höher schlagen. Bewundernd blickte ich zu dieser Geistesgröße auf, die beinahe dürftig gekleidet war.“*[14] In den folgenden fünf Jahren wird sie eine glühende Verehrerin und Vertraute Rosa Luxemburgs. Als die unbeugsame Kämpferin gegen den Krieg ins Gefängnis kommt, kümmert sich Mathilde unermüdlich um sie. Sie holt heimlich Manuskripte aus dem Gefängnis und schreibt sie dann im Gartenhaus ihrer Berliner Wohnung ab.

Mathilde opfert sich geradezu für Rosa Luxemburg auf. Da Rosa die Gefängnisnahrung nicht verträgt, bringt sie ihr Essen und versorgt sie unter anderem mit Lilienmilchseife, Büchern, Bohnerwachs und nimmt auch ihre Katze Mimi zu sich. Als Rosa schließlich aus dem Gefängnis entlassen wird, verdüstert sich zunächst die Beziehung. Mathilde ist eifersüchtig, weil Rosa ein junges Mädchen bei sich aufnimmt. Doch schließlich kommt es einige Tage vor der Ermordung Rosa Luxemburgs zu einer Versöhnung.

In zähen Verhandlungen kämpft Mathilde um die Leiche und veranlasst die Beerdigung. Dann verwaltet sie Rosas Manuskripte und Aufzeichnungen, Briefe und Bilder und rettet sie vor den Nazis. Ihr eigenes Leben rettet sie nicht. Im Juli 1942 wird die Jüdin Mathilde Jacob in ein KZ deportiert, wo sie umkommt.

Freundschaftsbeweis II:
Würdest Du mich verstecken?

Es war nicht leicht, im Kurs über dieses Beispiel einer aufopferungsvollen Freundschaft zu sprechen. Wir leben heute in einer Zeit, in der es glücklicherweise solcher 'Freundschaftsbeweise' nicht bedarf. Vielleicht ist es so, dass man in den Krisenzeiten von Verfolgung, Vertreibung und Krieg am ehesten spürt, wen man als Freund bezeichnen kann. Carl Zuckmayer spricht geradezu von einem 'Schmelzofen der Prüfung', den in solcher Zeit viele bestanden wie gutes Erz. Nun kann man allerdings einwenden, dass es nicht unbedingt ein Zeichen von Freundschaft ist, wenn uns ein anderer in schwierigen Zeiten hilft. Es kann auch ein Zeichen von moralischer Anständigkeit und Hilfsbereitschaft sein. Doch aufschlussreich ist es dennoch, wenn man sich fragt, wer in solchen Zeiten zu uns halten würde und vielleicht sogar sein Leben riskiert. Diese Frage hat sich auch mir eines Abends aufgedrängt, als ich bei meinem täglichen Spaziergang an der Stelle vorbei kam, wo einst das Haus stand, in dem Mathilde Jacob gewohnt hatte. Da fragte ich mich, ob ich in schwierigen Zeiten solche Freunde hätte. Noch viel drängender wurde dann die Frage für mich, ob ich selbst so mutig und selbstvergessen sein würde, dass ich mein Leben für meine Freunde riskieren würde. Wie tief mich diese Frage bewegte, merkte ich daran, dass ich in den folgenden Wochen immer wieder überlegte, wo ich im Notfall einen Freund verstecken könnte.

Dass die Beschäftigung mit solchen Fragen keineswegs nur abstrakt-theoretisch sein muss, zeigt eine Unterhaltung in Hellers Roman 'Gut wie Gold'. Zwei Männer kennen sich bereits fünfundzwanzig Jahre und arbeiten auf höchster Regierungsebene zusammen. Eines Tages kommt Bruce auf das Thema Freundschaft zu sprechen: *„Mein schwedischer Verleger hat einmal Freundschaft für mich definiert. Der ist Jude, Ralph, und als Kind hat er unter Hitler in Deutschland ge-*

lebt, bis die Familie flüchten konnte. Der sagte mir, er kenne nur eine Art, einen Freund zu prüfen: 'Würde er mich verstecken?' lautet die Frage, die er sich stellt. Auch ich würde meine Freunde auf diese Art prüfen, wenn es sein müsste. Also, Ralph, würdest du mich verstecken, falls ein Hitler käme?'

Diese Frage setzte Ralph in Verwirrung ...'Junge, Junge, Bruce', sagte er hastig, 'wir sind doch keine Freunde...'"[15]

Gold war schockiert und entgegnete, sie hätten sich früher doch sehr nahegestanden. Schonungslos antwortete ihm Ralph, das wäre nun vorbei. Er hatte die Freundschaft der Karriere geopfert. Für ihn waren jetzt Regierungsämter und sein Ehrgeiz wichtiger.

Freundschaftsbeweis III:
Heimlich einen Toten bestatten.

Ob jemand unser Freund ist, merken wir offenbar erst in schwierigen Zeiten. Deshalb sollte man nicht übereilt Freundschaften schließen, sondern zunächst kleine Bewährungssituationen abwarten. Martin Luther hat sogar gemeint, man solle niemanden einen Freund nennen, bevor man nicht einen Scheffel Salz mit ihm gegessen habe. Dieser Hinweis veranlasste einen Kollegen zu der berechtigten Frage, wie man denn in normalen Zeiten herausfinden könne, ob man gute Freunde hat: „Soll ich meine Freunde testen? Entwickeln wir doch einen Test!" Ich fand den etwas ironisch vorgetragenen Gedanken nicht so schlecht. Mir fiel eine alte arabische Geschichte ein, die von einem Vater handelt, der auf dem Sterbebett liegt und seinen Sohn fragt, wie viele Freunde er habe. Als dieser antwortet, er habe hundert, bittet ihn der Vater, er solle diese Freunde auf die Probe stellen. Dazu müsse er ein geschlachtetes Kalb in einen Sack stecken, den er mit Blut bestrichen habe. Dann könne er so tun, als habe er – ohne es zu wollen – einen Menschen umgebracht. Nun würde sich erweisen, wer zu ihm halten würde.

Der Sohn folgt diesem Rat und alle seine Freunde weigern sich, den ,Toten' heimlich zu bestatten. Erst der langjährige Freund des Vaters ist bereit zu helfen, ohne große Fragen zu stellen. Nur auf ihn passt das Wort der Weisen: 'Ein wahrer Freund ist, wer dir hilft, wenn dich die Welt im Stich lässt'.[16]

Als ich darüber nachdachte, was wir von dieser Geschichte lernen können, fiel mir ein, dass wir im Kollegenkreis früher manchmal scherzhaft sagten, dass wir alle eine Leiche im Keller hätten. Wir meinten damit, dass wir oft die Tatsache verheimlichen müssen, gegen soziale Normen verstoßen zu haben. Lassen Sie mich das anhand eines Beispiels verdeutlichen.

Eines Tages kam die 54-jährige Luise in meine Praxis und erzählte mir: *„Ich war dreißig Jahre lang mit einem bekannten Rechtsanwalt verheiratet. Die Ehe mit meinem fünfzehn Jahre älteren Mann war nicht besonders gut. Er war während seiner Prozesse leidenschaftlicher als zuhause im Bett. Da lief nach fünfzehn Ehejahren nichts mehr. Gelegentlich gab es zwischen uns zwar Zärtlichkeiten, aber das reichte mir nicht. Es kam, wie es kommen musste. Als ich Klavierstunden bei einem Musikstudenten nahm, verliebte sich dieser in mich. Ich war so überwältigt von seiner jugendlichen Leidenschaft, dass ich mit ihm schlief. Er wurde mein Liebhaber. Natürlich hatte ich immer Angst, dass das rauskommen könnte. Unser gesamter Freundeskreis war sehr konservativ und Seitensprünge in der Ehe wurden kaum toleriert. Wenn ein Mann fremdging wurde dies noch hingenommen, doch wir Frauen mussten treu sein. Als dann eines Tages durch ein Missgeschick mein Verhältnis bekannt wurde, reagierte unser Freundeskreis sehr entschlossen. Alle wendeten sich abrupt von mir ab. Es war, als hätte ich einen Mord begangen. Man lud mich nicht mehr ein, und auch meine Freundinnen hatten plötzlich keine Zeit mehr für mich. Ich hatte eine Todsünde begangen,*

indem ich mich mit einem erheblich jüngeren Mann eingelas-
sen hatte. Nur ein einziger Freund hielt zu mir und meinte, er
könne mich verstehen. Ich hätte richtig gehandelt. Das werde
ich ihm nie vergessen."

Offenbar hatte Luise, die für ihr Alter außerordentlich attraktiv war, gegen ungeschriebene Normen ihres Freundeskreises verstoßen. Dort war man sich darin einig, dass man
eine Ehe möglichst aufrechterhalten sollte. Dass es im Bett
nicht mehr klappt, galt als kein ausreichender Grund für eine
Trennung. Und es galt als unschicklich, als Provokation des
Ehegatten, sich als Frau in einen jüngeren Mann zu verlieben.
Wahrscheinlich löste das Verhalten von Luise einige Ängste in
ihrem Freundeskreis aus. Eine Freundin sagte zu ihr: „Wenn
Du schon einen Liebhaber hast, dann bräuchte ich schon
längst einen. Bei uns klappt es im Bett nicht und reden können wir auch nicht gut miteinander." Doch auch diese Freundin wandte sich schließlich von ihr ab. Sie hatte sich dafür
entschieden, mit einem erfolgreichen Mann verheiratet zu
sein, große Einladungen zu geben und sich und den anderen
etwas vorzuspielen.

Die elf alltäglichen Zeichen der Freundschaft

Nun würde ich niemandem raten, einen Mord oder einen Sei-
tensprung zu begehen, um seine Freunde auf die Probe zu
stellen. Es gibt sehr viele alltägliche Zeichen der Freundschaft, die ich selbst erlebt oder anhand hunderter Therapie-
sitzungen in den letzten Jahren gesammelt habe.

1. Freundschaftszeichen: Hilfe in der Not?

Ein guter Freund hilft uns, wenn wir auf ihn angewiesen sind.
Ihn können wir auch nachts anrufen, wenn wir mit der Feu-
erwehr ins Krankenhaus gebracht wurden. Ihn können wir

auch fragen, ob wir eine Woche bei ihm wohnen können. Dies war jedenfalls der Wunsch eines guten Freundes, der vorübergehend ausziehen musste, weil er sich von seiner Partnerin getrennt hatte. Obgleich ich sonst das starke Bedürfnis habe, in meinen eigenen vier Wänden allein zu sein, bot ich ihm an, er könne bei mir eine Zeitlang wohnen.

2. Freundschaftszeichen: Würde Ihnen Ihr Freund in einer Notlage Geld leihen?

In meiner Studentenzeit musste ich aus meiner Wohnung ausziehen, weil das Haus abgerissen wurde. Leider hatte ich nicht das Geld, um den Abstand für die neue Wohnung zu bezahlen. Ein guter Freund borgte mir das Geld und ich zahlte es ihm in monatlichen Raten zurück. Obwohl die Freundschaft später auseinander ging, bin ich ihm noch heute für diese Unterstützung dankbar. In dieser Situation war das ein Zeichen der Freundschaft. Er hätte ja auch nach dem Sprichwort handeln können: 'Geld verdirbt die Freundschaft'.

3. Freundschaftszeichen: Gratuliert man Ihnen zum Geburtstag?

Ein sehr deutliches Zeichen hinsichtlich der Freundschaft ist es meines Erachtens auch, wer mir zum Geburtstag gratuliert. Ich bin kein Freund von Feierlichkeiten und Gedenktagen. Doch wenn sich jemand an diesem Tag nicht bei mir meldet, ist dies doch ein untrügliches Zeichen für eine recht distanzierte Beziehung.

4. Freundschaftszeichen: Würden Ihnen die Freunde helfen, wenn sie krank werden?

Mein bester Freund wurde plötzlich sehr krank. Es war für mich selbstverständlich, dass ich ihn nicht nur jeden Tag im

Krankenhaus besuchte. Für mich hatte er in jenen Tagen die absolute ‚Priorität'. Alles andere trat zurück, denn ich war sehr daran interessiert, dass er wieder gesund wurde.

5. Freundschaftszeichen: Würden Sie mit dem Freund verreisen oder zusammen wohnen?

Wenn man wirklich erkennen will, wer der Freund ist, muss man über längere Zeit etwas mit ihm unternehmen. Man kann mit ihm verreisen, eine Wohngemeinschaft gründen, ein Haus kaufen. Oder man kann mit der Freundin gemeinsam die Kinderbetreuung und den Einkauf organisieren. Das ist immer ein Test für die Kooperationsfähigkeit beider Freunde. Da viele Menschen nicht genügend gelernt haben zu kooperieren, treten bei solchen Unternehmungen leicht große Konflikte auf. Häufig führen sie dazu, dass beispielsweise nach einem Urlaub die Freundschaft zu Ende ist.

6. Freundschaftszeichen: Können Ihnen Ihre Freunde Mut zusprechen?

Ein junger Student musste eine Trennung von seiner Partnerin verkraften. Sie hatte diese Entscheidung damit begründet, dass er immer so eifersüchtig gewesen sei. Das war nicht ganz falsch, obgleich seine Eifersucht manchmal auch berechtigt war. Jedenfalls war er nun sehr niedergeschlagen und rief seine beiden besten Freunde an. Der eine machte ihm Vorwürfe und meinte, er habe es so kommen sehen. Seine Eifersuchtsgefühle hätten die Beziehung auseinander gebracht. Der andere tröstete ihn, munterte ihn auf und lud ihn zum Essen ein. Nach diesem Erlebnis meinte dieser Student in einer Einzelstunde zu mir, er habe jetzt nur noch einen guten Freund.

7. Freundschaftszeichen: Hätten Sie noch Freunde, wenn Sie nichts mehr für sie tun würden?

Der 53-jährige Klaus war früher ein sehr aktiver Mensch. Er half allen und schonte sich nie. Seine rastlose Lebensweise führte dazu, dass er vor einem Jahr einen schweren Herzinfarkt erlitt und seinen Beruf aufgeben musste. Die meisten seiner Freunde schickten einen kurzen Kartengruß und kamen auch einmal vorbei. Doch jetzt lassen sie sich kaum noch blicken und seine Frau schimpft: „Die haben Dich doch nur ausgenützt." Aber er hat auch andere Freunde. Zu ihnen zählt sein Nachbar Paul. Mit einer gewissen Rührung in der Stimme berichtet Klaus: „Der schaut immer wieder mal zu mir rüber. Es ist ein ruhiger Mensch, den ich früher nie so beachtet habe. Doch gerade er ist ein wirklicher Freund, der zu mir hält."

Es müssen offenbar nicht immer heroische Taten sein, die eine Freundschaft auszeichnen. Ich meine sogar, dass es häufig nicht darum geht, dass der Freund etwas für mich tun muss. Manchmal ist man eher auf verständnisvolle und aufmunternde Worte angewiesen, wenn man längere Zeit in einer Krise steckt. Oft besteht das Entscheidende in einer Freundschaft in der Gewissheit, dass einer treu zu uns steht. Das lässt auch Siegfried Lenz in einem Roman den alten Taucher Hinrichs antworten, nachdem ihn Kuddl fragte, was er denn schon für ihn getan habe: *„Manchmal kommt es gar nicht darauf an, dass man etwas tut füreinander. Manchmal ist es ebenso wichtig, wenn man weiß: da ist einer, auf den du dich verlassen kannst."*[17] Wenn man herausfinden will, ob der andere wirklich mein Freund ist, darf man nicht nur schauen, was der andere für mich tut. Man muss sich auch fragen, welchen Platz der andere in meinem Gemüt hat. Deshalb möchte ich auf ein weiteres Zeichen der Freundschaft hinweisen:

8: Freundschaftszeichen: Denken Sie vor dem Einschlafen an Ihren Freund?

Ein verlässlicher Freund ist ein Teil der eigenen inneren Welt. Wir haben ihn verinnerlicht und können selbst dann mit ihm reden, wenn er abwesend ist. Dadurch sind wir nie vollständig einsam. Wir werden tagsüber manchmal an ihn denken, um ihm etwas von unseren Erlebnissen mitzuteilen. Schöne Erlebnisse gewinnen sehr an Intensität, wenn man weiß, dass man sie dem besten Freund oder der Freundin erzählen kann. Wenn ich Bücher lese, freue ich mich deshalb immer darauf, dass ich meinen Freunden davon berichten kann. Nun wird jeder von uns tagsüber gelegentlich an seinen Freund denken. Doch besonders aufschlussreich ist die Frage, ob wir in jenen Zeiten an unseren Freund denken, in denen wir nicht mehr aktiv sind. Ist unser Freund so sehr im eigenen Unbewussten verankert, dass seine Stimme in uns ertönt, wenn wir zwischen Wachsein und Schlafen dahin dösen? Denken wir dann daran, was unser Freund kürzlich gesagt hat? Was wir ihm morgen erzählen müssen? *„Wenn an solchen Nahtstellen des Lebens, wie dem Raum zwischen Wachen und Schlaf, Ihr Freund bei Ihnen ist, in Ihrer Vorstellung, dann haben Sie einen Freund. Wenn nicht, wenn ein Freund dort selten auftaucht, dann ist es gleichgültig, wie oft Ihnen jemand einen Gefallen tut, wie viele Runden Golf Sie mit ihm spielen oder wie sehr Sie sich gegenseitig bei der Arbeit helfen.“*[18]

9. Freundschaftszeichen: Träumen Sie von Ihren Freunden?

Auf ein wichtiges Freundschaftszeichen hat der Naturwissenschaftler und Philosoph Georg Christoph Lichtenberg hingewiesen. In seinen 'Sudelbüchern' schreibt er: *„Ich kann nicht sagen, dass ich ihm feind gewesen wäre, aber auch nicht gut, es hat mir nie von ihm geträumt.“*[19] Mir hat dieser Freundschaftstest sehr eingeleuchtet, denn ich selbst träume in gewissen Abständen von meinen Freunden. Meist sind es herausragende positive oder konfliktbeladene Ereignisse, die ihren Niederschlag in meinen Träumen finden. Als ich nun meinen Kursteilnehmern diesen 'Test' nahe legte, erwiderten viele, dass sie sich an ihre Träume nicht erinnern könnten. Doch die anderen bestätigten die Überlegungen Lichtenbergs. Der 34-jährige Alexander meinte sogar: *„Für mich war das wie eine Erleuchtung. Ich war mir lange Zeit über die Beziehung zu meinem Freund unsicher. Doch dann träumte ich, dass er mich in der Öffentlichkeit beschimpfte. Da wusste ich, dass ich noch an ihm hing, während er die Freundschaft schon längst aufgekündigt hatte.“*

Ein erschütterndes Beispiel für die These Lichtenbergs ist die enge Männerfreundschaft zwischen Carlo Mierendorff und Carl Zuckmayer. Nachdem Carlo in den Kerkern der Nazis verschwand, trug Zuckmayer ein Hemd, das er und Carlo als ihr gemeinsames Eigentum betrachtet hatten, bis es völlig zerfetzt war. Und immer wieder träumte er von ihm: *„Kaum je von anderen Freunden. Oft werde ich morgens wach -, jetzt, mehr als zwanzig Jahre nach seinem Tod – und weiß, er war wieder da. Es ist immer der gleiche Traum: er taucht plötzlich, lachend, aus einer Schar von Menschen auf, und ich erschrecke zuerst, denn er ist dann für mich noch immer im KZ, und will ihn mit einer unbändigen Freude begrüßen: Du bist raus! Du bist hier! Er kommt auf mich zu, ruft meinen Namen. Was weiter ist, weiß ich morgens nicht mehr. Der Traum verschwimmt, vernebelt. Ich kann ihn nicht zurückrufen. Aber er hinterlässt jedes mal eine tiefe Beunruhigung.“*[20]

10. Freundschaftszeichen: Zu einem guten Freund darf man aufrichtig sein

Wenn wir häufiger von unserem Freund träumen, dann ist er offenbar ein Teil unserer inneren Welt. Doch was sind die Voraussetzungen dafür, dass wir einen Freund verinnerlichen?

Es muss wohl eine große seelische Nähe entstehen, bis wir den Freund gleichsam in uns tragen. Am leichtesten wächst eine solche Nähe durch eine rückhaltlose Offenheit. In solchen Freundschaften kann man sich alles erzählen. Man muss keine Vorsicht walten lassen, sondern kann sich umfassend dem anderen öffnen, sich ihm anvertrauen. Dann erzählt man dem anderen nicht nur von seinen Erfolgen, sondern auch von den eigenen Misserfolgen und Schwächen. Der Freund nimmt teil an vielen persönlichen, intimen Problemen. Meine Kursteilnehmer meinten, es gäbe einen regelrechten 'Knackpunkt', eine Schwelle, die man in guten Freundschaften überschreiten würde. „Dann redet man eben auch darüber, dass man hin und wieder neidisch oder eifersüchtig ist. Und man spricht beispielsweise über seine Ehe, über Liebesprobleme und über die sexuellen Schwierigkeiten, die sich meist in einer längeren Beziehung einstellen", – lautete die Überzeugung der jungen Architektin Carla, die bereits in ihrer Jugend immer einige Freunde hatte, denen sie alles anvertrauen konnte. Sie war der Meinung, dass man nur denjenigen als Freund bezeichnen sollte, dem man fast alles erzählen kann. Mit weniger solle man sich nicht zufrieden geben.

Auch nach meiner Erfahrung ist es wichtig, dass man wenigstens eine Freundschaft hat, in der man sich rückhaltlos mitteilen kann. In der man nicht überlegen muss, was man erzählt und ob der andere wirklich verschwiegen ist.

Doch solche Offenheit ist natürlich nur die eine Seite der Medaille. Ein gutes Gespräch kann nur gelingen, wenn zumindest ein Freund ein guter Zuhörer ist. Solche Menschen gibt es nicht sehr oft. In seinem märchenhaften Roman 'Momo' beschreibt Michael Ende jedoch ein junges Mädchen, das diese Kunst beherrscht: *Sie konnte so zuhören, dass ratlose oder unentschlossene Leute auf einmal ganz genau wussten, was sie wollten. Oder dass Schüchterne sich plötzlich frei und mutig fühlten. Oder dass Unglückliche und Bedrückte zuversichtlich und froh wurden.*"[21]

Mit Menschen, die gut zuhören können, schließt man gern Freundschaft. Kürzlich erzählte mir eine junge Studentin, sie habe sich schon in der Schulzeit gern die Probleme der Klassenkameraden angehört: *„Ich habe nie viel dazu gesagt. Ich habe nur zugehört und habe versucht zu verstehen, wie es dem anderen geht. Ich habe ihnen zugehört und habe dann in mich hineingelauscht, welche Gefühle und Erfahrungen er in mir auslöste. Dann stellte ich Fragen, um zu sehen, ob ich ihn richtig verstanden habe. Ich war glücklich, wenn mir das gelang. Ich war immer als Freundin begehrt, weil man mit mir so gut reden konnte."*

Wenn das Gespräch in einer Freundschaft gelingt, wird allmählich die zwischen allen Menschen bestehende Fremdheit überwunden. Jeder von uns bildet eine eigene Welt mit anderen Erfahrungen und Kenntnissen. Es bedarf vieler Gespräche und eines großen Einfühlungsvermögens, bis wir wissen, was unser Freund wirklich meint, wenn er etwas sagt. Dafür ist es günstig, wenn man ähnliche Erfahrungen gemacht hat. Wer selbst Junggeselle ist, wird häufig Eheprobleme nicht verstehen. Ein Beamter kann manchmal die finanziellen Sorgen eines freiberuflich arbeitenden Zahnarztes nicht begreifen. Und mit seinen Sorgen in der Kindererziehung wird man sich am besten an eine Freundin wenden, die selbst Kinder hat. Entschlossen meinte eine junge Mutter: „Meine Freundin Beate hat zwei Kinder. Sie weiß, was es heißt, wenn sich Kinder immer streiten. Welche Sorgen man sich machen kann, wenn der Junge Schwierigkeiten in der Schule hat und sich nicht richtig in die Klasse einordnet. Wenn man keine Kinder hat, kann man das nicht richtig nachvollziehen."

Wenn solche Gespräche gelingen, versteht man sich nach einiger Zeit immer besser und muss immer weniger Worte gebrauchen. Manchmal reichen dann Blicke aus, damit beide Freunde wissen, was gemeint ist und wie es ihnen geht.

11. Freundschaftszeichen: Das behagliche Schweigen

In einer guten Freundschaft muss man nicht immer reden. Man ist so vertraut miteinander, dass man ein zeitweiliges Schweigen nicht als Bedrohung empfindet. Solange wir in Freundschaften unsicher sind, reden wir auch, um das Gefühl der Distanz zu überbrücken. Das Schweigen ist dann bedrückend. Insofern ist die Einstellung zum Schweigen auch ein Gradmesser für die Güte einer Freundschaft.

Wirkliche Freunde sind selten

Nachdem ich diese elf Zeichen der Freundschaft vorgestellt hatte, fragte ich die Kursteilnehmer, wer von ihnen einen wirklichen Freund oder eine wirkliche Freundin habe. Ein wirklicher Freund sei ein Mensch, der im Wesentlichen diesen 'Zeichen der Freundschaft' gerecht werde. Jeder solle subjektiv entscheiden und seine Freundschaften bewerten. Nach einer längeren Pause meldete sich ein Teilnehmer und meinte, er habe einen Freund, auf den er sich wirklich verlassen könne. Doch mit seiner Aussage blieb er in der Minderheit. Die meisten Teilnehmer konnten sich eher der Einschätzung des 24-jährigen Studenten Erwin anschließen: *„Ich glaube, dass ich keine guten Freundschaften habe. Gegenüber meinen Freunden kann ich nicht ganz aufrichtig sein. Ich würde nie alles erzählen und ihnen sagen, was ich manchmal über sie denke. Ich weiß auch nicht, ob ich von ihnen träume. Ich bin mir nicht sicher, ob meine Freunde wirklich ein Teil meiner inneren Welt sind. Ich möchte auf meine Freunde nicht verzichten, aber bin mir im Zweifel, ob ich mich im Notfall wirklich auf sie verlassen könnte. In der Jugend hatte ich einen solchen Freund. Mit dem konnte ich 'Pferde stehlen'. Leider ging diese Freundschaft irgendwann auseinander.“*

Wirkliche Freundschaften sind offenbar eher selten. Doch

die meisten Kursteilnehmer äußerten, sie hätten eine Sehnsucht nach wahren Freunden. Einige schilderten, dass sie deshalb früher sehr enge Beziehungen mit einem einzigen Freund oder einer Freundin eingegangen wären. Die intensive seelisch-geistige Nähe dieser Freundschaften hätten sie als große Bereicherung empfunden. Leider seien diese Freundschaften nach einiger Zeit wieder auseinander gegangen.

Ein sehr schönes und bekanntes Beispiel für eine solch enge Beziehung ist die Herzensfreundschaft zwischen dem Philosophen Montaigne (1533-1592) und Etienne de la Boetie, die durch dessen frühzeitigen Tod leider nur sechs Jahre dauerte. Bis zu seinem eigenen Tod dreißig Jahre später, ging Montaigne in der Erinnerung an diese Freundschaft auf und schloss in all den Jahren keine andere. Er konnte Boetie nicht vergessen, mit dem er sich so herzlich verbunden gefühlt hatte, dass ihm nichts wichtiger war: „Unsere Seelen, seine und meine, waren so eng miteinander verbunden, hegten füreinander so glühende Zuneigung ... die den innersten Kern unserer Wesen bloßlegte, dass ich nicht nur seine Seele kannte wie meine eigene, sondern mich gewiss sogar bereitwilliger in seine Hände begeben hätte als in meine eigenen."[22]

Busenfreundschaften:
...wie eine Seele in zwei Körpern

Die Freundschaft zwischen Montaigne und Etienne de la Boetie macht deutlich, warum diese engen Freundschaften so schön und zugleich so schwierig sind. Durch ihre große Intensität bergen sie ein hohes Spannungspotential, das irgendwann zum Bruch führt. Problematisch ist vor allem die fast symbiotische Nähe. Aufgrund der intensiven Bindung bezeichnet man sie auch als Busenfreundschaft. Dabei wird die emotionale und geistige Verbundenheit zunächst als sehr beglückend erlebt. Auch ich denke deshalb manchmal gern an meine früheren Busenfreundschaften zurück. Wir konnten uns alles sagen und verbrachten viel Zeit miteinander. Doch leider wurde diese Vertrautheit häufig nach vielen Jahren durch Konflikte gestört. Meist traten in meinen engen Freundschaften irgendwann Meinungsverschiedenheiten auf, kleine Auseinandersetzungen folgten und die Freundschaft kühlte ab. Im günstigsten Fall blieb dann eine 'gewöhnliche' Freundschaft. Und in mir blieb natürlich auch eine gewisse Enttäuschung zurück. Außerdem musste ich immer wieder feststellen, dass meine etwas distanzierten Freundschaften wesentlich haltbarer waren. Ich begann deshalb über das Phänomen der Busenfreundschaften nachzudenken. Zunächst fiel mir dabei auf, dass ich meine Busenfreundschaften stets dann begonnen hatte, wenn ich keine – oder eine eher unbefriedigende – Liebesbeziehung hatte. Nur so war diese intensive Nähe möglich, denn in Busenfreundschaften findet häufig eine regelrechte Verschmelzung statt, die an Liebesbeziehungen erinnert. Die Individualität beider Freunde wird zugunsten der Beziehung zumindest teilweise aufgegeben. Solche Freundschaften sind 'wie eine Seele in zwei Körpern' – wie es in einem Sprichwort heißt. Es versteht sich von selbst, dass man immer nur jeweils eine Busenfreundschaft haben kann. Montaigne meint daher, eine solche Freundschaft würde in Paaren und nicht in Rudeln leben.[23] Das rührt nach meiner Erfahrung daher, dass beide Freunde immer darauf achten, dass sich kein anderer in ihre enge Herzensfreundschaft hineindrängt. Deshalb herrscht in solchen engen Freundschaften meist ein untergründiges Gefühl der Eifersucht vor.

Wahre Freunde sollten nur ein Ich haben

Die große Nähe und Übereinstimmung solch enger Freundschaften wird durch ein weitgehendes Ausblenden negativer Eigenschaften ermöglicht. Natürlich wissen die Freunde durchaus, dass es üblicherweise in Beziehungen Streitigkeiten gibt. Aber sie glauben, dass sie die Gesetze des Lebens außer Kraft setzen können. Vielleicht sind sie eben eine Ausnahme! So ging es auch Gottfried Keller, der in einem Brief an Johann Müller schrieb, die meisten Freundschaften würden nur auf schnellen Herzensergießungen beruhen. Aber dann würde man sich näher kennenlernen und eine schlechte Seite nach der anderen am anderen entdecken. Doch das würde nicht für wahre Freunde gelten. Diese sollten nur ein Ich haben. Und so möchte Keller denn auch mit seinem Freund *„in einander schmelzen, prasseln, aufglühen, blühen, den Himmel über uns röten und miteinander in Asche zusammenfallen können. Wir würden dann leben wie zwei Wesen, die einen unzerteilbaren Diamant, ein köstliches Gut besäßen, für dasselbe geboren würden ... und für dasselbe zu gleicher Zeit stürben...„*[24]

Treu bis in den Tod

Wir träumen von den ewigen Freundschaften, die ein Leben lang halten. Wir hätten gern einen Begleiter, der in allen Krisen zu uns hält. Jemanden, der uns immer versteht, mit dem es nie Konflikte gibt. Diese Sehnsucht kommt in einem bekannten Volkslied zum Ausdruck:

> Wahre Freundschaft soll nicht wanken,
> Wenn man gleich entfernet ist,
> Lebet fort noch in Gedanken
> Und der Treue nicht vergisst.

Dies Lied rührt mich immer an. Doch wie oft gibt es solche wahren Freundschaften? Gemessen an der Wirklichkeit ist der Wunsch nach solchen Freundschaften leider meist ziemlich sentimental. Trotzdem idealisieren wir unsere Freunde, weil wir viel von ihnen erwarten. Doch wer den Schwerpunkt seines Lebens zu sehr in seinem Freund sucht, wird leicht in eine Krise geraten. Wir müssen auch in Freundschaften realistisch sein und dürfen nicht zu viel von unseren Freunden erhoffen.

Wir brauchen mehrere Freunde

Wer – wie ich – die Lebensmitte überschritten hat, wird im Allgemeinen kaum noch intensive Busenfreundschaften pflegen. Sie haben ihre Bedeutung für die Zeiten der Suche und des Wandels. Sie sind wichtig in den Jahren der Unsicherheit. Das wurde mir auch von einer jungen Kollegin bestätigt, die mir sagte: „Ich hatte natürlich in der Jugend eine Busenfreundin. Aber als ich zuhause auszog, verloren wir uns etwas aus den Augen. Nun hatte ich vor einigen Jahren wieder eine enge Busenfreundin, nachdem ich mich von meinem Partner getrennt hatte. Wir waren jeden Tag zusammen und telefonierten sehr viel miteinander. Ich brauchte sie, um mich wieder selbst zu finden. Ich wäre in ein tiefes Loch gestürzt, wenn sie nicht gewesen wäre Sie hat mir sehr geholfen. Heute bin ich selbstbewusster. Ich habe meine eigene Praxis. Ich habe viele Freunde, aber keine so enge Busenfreundschaft. Das ist vorüber."

Der Busenfreund bzw. die Busenfreundin hat immer eine stützende Funktion, er bzw. sie ist gleichsam ein Hilfs-Ich in einer unruhigen Zeit. Diese durchaus therapeutische Rolle übernimmt später in vielen Fällen der Ehepartner. Offenbar sind solche engen Busenfreundschaften mit den Erfordernissen des Erwachsenenlebens kaum zu vereinbaren. Es ist sicher kein Zufall, dass die meisten Busenfreundschaften spätestens dann einen Riss bekommen, wenn sich eine gewisse Konsolidierung des Lebens ergibt. Indem wir innere Sicherheit gewinnen, sind wir nicht mehr so sehr auf den Freund angewiesen.

Nun wollen wir unseren Platz im Leben 'erobern', unseren eigenen Weg gehen. Diesen Weg müssen wir teilweise allein bewältigen, da er von der Sehnsucht nach Freiheit und Stärke geprägt ist. Wenn dieser Prozess der Persönlichkeitswerdung weit vorangeschritten ist, will man sich nicht mehr wie früher anlehnen und aufgeben. Zwar sucht man nach wie vor die Nähe der Freunde. Doch es ist mehr ein Austausch als ein Verschmelzen, mehr eine partielle Berührung der Seelen und keine totale Übereinstimmung mehr. Man kann diesen Prozess mit einer Wanderschaft vergleichen. Solange Freunde auf der Suche sind, bemühen sie sich, gleichsam in einem gemeinsamen Schritttempo zu gehen. Sie helfen sich und sind froh, dass sie im anderen eine lebenswichtige Unterstützung gefunden haben. Dies gibt ihnen Orientierung, lindert die Einsamkeit und hilft bei der Bewältigung von Krisen. Doch wenn dann einer der Freunde seinen Lebensort gefunden hat, ein Haus kauft, eine Familie gründet und seine eigene 'Lebenswelt' baut, muss sich die Bedeutung der Freundschaft zwangsläufig ändern. Je vielschichtiger und reicher nun die Persönlichkeit eines Menschen wird, umso weniger ist es möglich, dass ihn ein einziger Mensch völlig versteht. Jetzt braucht er nicht mehr *einen* Freund, sondern *mehrere*, denn jeder von ihnen wird einen unterschiedlichen Bereich seines Lebens erschließen können. Um bei unserem Beispiel zu bleiben. Ein Wanderer sieht auch immer nur einen Teil der Landschaft, sein Begleiter wird diese Landschaft aus einem anderen Blickwinkel sehen und einen anderen Eindruck erhalten. So wird uns jeder Freund auf seine persönliche Art sehen und in uns auch einen individuellen Aspekt des Lebens erschließen. Erst durch die Vielfalt der Freunde können wir uns deshalb zu einer umfassenden Persönlichkeit entfalten.

Man könnte aus diesen Überlegungen ein Lebensgesetz ableiten: Je umfangreicher die Persönlichkeit eines Menschen ist, desto mehr Freunde braucht er. Allerdings darf man dieses Gesetz jetzt nicht umdrehen und einen Menschen nur deshalb als Persönlichkeit bezeichnen, weil er viele Freunde hat. Es kommt hier mehr auf die Qualität als auf die Zahl der Freunde an. Ein tiefgründiger Mensch sollte demzufolge mehrere wirklich gute Freunde haben und wird von jedem von ihnen anders erlebt werden. Oft würden diese Freunde erstaunt sein, wenn sie wüssten, wie verschieden sie denselben Menschen einschätzen.

Das Konzept der Freundschaftsvielfalt

Ich habe mich früher immer gewundert, wie unterschiedlich ich mich bei meinen Freunden gefühlt habe. Während mich der eine beruhigte und ein Gefühl der Zufriedenheit hervorrief, stachelte ein anderer meine aktiven Schaffensgefühle an. Eine Freundin verlockte mich dazu, sehr viel über mich zu reden, während ich mit der anderen vor allem über theoretische Fragen diskutierte. Da jede Freundin eine andere Seite in mir ansprach, begann ich, mir einen größeren Freundeskreis aufzubauen. Früher hatte ich vor allem zwei sehr enge Freundschaften gepflegt, die sich dadurch auszeichneten, dass wir uns mehrfach in der Woche sahen oder telefonierten. Doch nachdem ich selbständiger geworden war, mehr Berufserfahrungen gesammelt und schließlich meine eigene Praxis eröffnet hatte, wurden diese engen Freundschaften schwierig. Und ich selbst verspürte auch keine Neigung mehr, mich so sehr an einen oder zwei Menschen anzulehnen. Mir wurde bewusst, dass man dann zu sehr von seinen Freunden abhängig wird. Deshalb praktizierte ich das Konzept der Freundschaftsvielfalt, das ich schließlich leidenschaftlich in meinen Kursen propagierte. Ich empfahl meinen Teilnehmern: *„Beginnen Sie mehrere gute Freundschaften. Jeder Freund wird dann ein Teil Ihres Lebens sein. Dann ist es auch nicht so schwierig, wenn es in einer Freundschaft Konflikte gibt. Sie können Ihren Lebensschwerpunkt leichter etwas stärker auf*

einen anderen Freund übertragen und dann in Ruhe den Kon-
flikt klären."

Diese Empfehlung wurde von den Kursteilnehmern sehr positiv aufgenommen. Als ich am Ende eines Kurses einige ältere Damen fragte, was für sie am wichtigsten gewesen sei, antwortete eine von ihnen: *„Ich habe gelernt, dass man mehrere Freundschaften braucht, um nicht von einer Freundin abhängig zu werden. Jeder trägt dann was zum eigenen Leben bei. Es ist wie bei einem Blumenstrauß. Eine Freundin ist wie eine Rose, eine andere wie eine Distel oder wie eine Sumpfdotterblume."* Diese humorvolle Einstellung hat mir sehr gefallen. An sie muss ich oft denken, wenn ich an einer reich gedeckten Mittagstafel esse. Die vielen Speisen, die jeweils andere Gaumengenüsse versprechen, erinnern mich an das 'Konzept der Freundschaftsvielfalt', wo auch jeder Freund für einen Teil unserer Wünsche zuständig ist. Indem wir dieses Konzept beherzigen, hüten wir uns davor, zu viel von unseren Freunden zu erwarten. Nachdrücklich hat vor allem Goethe darauf hingewiesen, wie leicht wir Freunde überfordern. Er mahnte: *„Wenn wir immer vorsichtig genug wären und uns mit Freunden nur von einer Seite verbänden, von der sie wirklich mit uns harmonieren, und ihr übriges Wesen weiter nicht in Anspruch nähmen, so würden die Freundschaften weit dauerhafter und ununterbrochener sein. Gewöhnlich aber ist es ein Jugendfehler, den wir selbst im Alter nicht ablegen, dass wir verlangen, der Freund solle gleichsam ein anderes Ich sein, solle mit uns nur ein Ganzes ausmachen, worüber wir uns denn eine Zeitlang täuschen, das aber nicht lange dauern kann."* [25]

Der Weg aus dem Dschungel

Wenn wir unsere Freunde genauer betrachten, werden wir feststellen, dass jeder einen etwas anderen Lebensschwerpunkt hat. Der eine redet immer viel, der andere hört gelegentlich gern zu. Ist der eine theoretisch begabt, hat der nächste einen differenzierten Zugang zu seinen Gefühlen. Jeder Freund ist offenbar in seinen Fähigkeiten einseitig und – lieber Leser – das gilt auch für uns selbst. Das Leben mit seinen Gefährdungen und Ängsten ist vor allem in der Kindheit wie ein Dschungel und wir haben genug damit zu tun, uns *einen* Weg aus dem 'Urwald' zu bahnen. Zwangsläufig müssen wir das Erlernen der zahlreichen anderen Wege, d.h. der verschiedenen sozialen, emotionalen und geistigen Fähigkeiten, vernachlässigen. Deshalb ist jeder Freund immer einseitig. Darum muss man sich seine Freunde schon so zusammenstellen, dass sich ihre Schwächen aufheben und ihre Stärken ergänzen. Dieser Ansicht waren auch die Teilnehmer meiner Kurse. Einer von ihnen – der 34-jährige Angestellte Heinz – vertrat vehement die Meinung, man dürfe nicht nur einen Freund haben. Er sei damit gescheitert. Jetzt verteile er seine Zuneigung und betreibe eine Risikostreuung. Er versuche nicht mehr, seine Freunde grundlegend zu ändern. Es klang wie eine Mischung aus Weisheit und Resignation als er sagte: *„Man muss die Freunde nehmen wie sie sind. Jeder von ihnen hat bestimmte Fähigkeiten. Ein Freund von mir ist sehr sportbegeistert, ein anderer kann gut kochen und wenn ich Probleme habe, dann rufe ich meine Freundin Lisa an. Und dann habe ich noch zwei Freunde, mit denen ich gern Tennis spiele. Diese fünf Freunde sind wie die Finger einer Hand. Sie gehören alle zu mir und ergänzen sich.“*

Freundschaften wie ein Kuchenrezept?

Solch erwachsene Einschätzung von Freundschaften mag manchem als zu nüchtern erscheinen. Er wird beklagen, dass hier eine Freundschaftskunst vermittelt wird, die sehr an das Kuchenbacken erinnert: man nehme von diesem und jenem...

Und er wird auf das klassische Freundschaftsideal der alten Griechen hinweisen. Damals trat (manchmal) noch ein Freund für den anderen mit seinem Leben ein. Vor allem der Soziologe Georg Simmel hat sich mit diesem Phänomen beschäftigt und auf die geänderten Sozialbezüge im 19. und 20. Jahrhundert aufmerksam gemacht. Er fragt sich, ob nicht der moderne Mensch zu viel zu verbergen hat, um eine Freundschaft im antiken Sinne zu haben. Er ist zu sehr 'Individualität', um sich vollständig dem anderen zu widmen. Deshalb neigt er mehr zu differenzierten Freundschaften, in denen nur eine Seite der Persönlichkeit angesprochen wird. Der Vorteil dieser Freundschaften liegt wohl darin, dass wir von keinem der Freunde abhängig sind. Doch dafür müssen wir häufig einen gewissen Preis bezahlen. Oft sind solche Freundschaften etwas zu distanziert[26] Das wurde mir besonders deutlich, als ich eine Biographie über Picasso las. Als junger Maler hatte er einen Kreis verschiedener Freunde um sich geschart und jeden als Bereicherung empfunden. Er war der aktive Anführer einer Freundesgruppe und übte durch seine strahlende Persönlichkeit einen nachhaltigen Eindruck auf die anderen aus. Ein Biograph schrieb über Picasso: Er versteht es, *„die Neigungen und Liebhabereien eines jeden auseinanderzuhalten und bedient sich ihrer wie der Farben, mit denen er ein Bild malt: Er verwendet sie alle zu ihrer Zeit und an ihrem Platze. Manche Freunde benutzt er für dies, andere für jenes. Er unternimmt nichts, um jemanden von seinem Wege abzubringen, er zwingt niemanden, hemmt keine Bestrebung: die Freundschaft ist ihm ebenso heilig wie seine Kunst."* [27] Ich schätze Picassos Werke sehr und schaue mir fast täglich seine geniale Darstellung des berühmten Freundespaares 'Don Quijote und Sancho Pansa' an, denn ich habe einen schönen Druck in meiner Praxis aufgehängt. Dennoch bin ich mir nicht sicher, ob ich gern ein Freund von Picasso gewesen wäre. Ich habe den Verdacht, dass er seine Freunde für seine Zwecke ausnutzte und nur eine geringe emotionale Bindung zu ihnen einging.

Wenn wir das Konzept der 'Freundschaftsvielfalt' praktizieren, müssen die Beziehungen nicht zwangsläufig so distanziert sein. Doch man muss sehr viel Beziehungsarbeit leisten und sich auch selbst verändern, damit in diesen Freundschaften eine Nähe entsteht, die uns im tiefsten Herzen erreicht. Es bedarf vieler Gespräche, bis eine wirkliche Vertrautheit entsteht. Man spürt den gemeinsamen Abstand und es dauert manchmal Jahre, bis man sich wirklich nahe kommt. Bei den Busenfreundschaften war das alles viel einfacher, unbeschwerter und auch euphorischer. Mancher Leser, der etwas älter ist, wird sich vielleicht so wie ich wehmütig an seine früheren engen Freundschaften erinnern. Man war gelegentlich wirklich ein Herz und eine Seele. Doch dann gab es die ersten größeren Konflikte, jeder ging seinen eigenen Weg. Das Erwachsenwerden ist offenbar auch ein Abschied nehmen von dem Wunsch nach sehr engen, umfassenden Freundschaften, die auf völliger gegenseitiger Vertrautheit beruhen. Wir sollten es mit diesen engen Freundschaften so halten wie mit den ersten Liebesbeziehungen. Sie lassen sich nicht wiederholen. Uns fehlt die naive Hoffnung, die grenzenlose Erwartung der Jugend. Doch dafür haben wir uns (hoffentlich) selbst gefunden und gelernt, etwas mehr Freundschaft mit uns selbst zu schließen.

... so sicher wie ein Tausendfüßler

Das Konzept der Freundschaftsvielfalt gewährleistet, dass man seine Freunde nicht überfordert und von ihnen nicht so sehr enttäuscht wird. Indem man seine Zuneigung auf viele verteilt, lebt man ähnlich sicher wie ein Tausendfüßler. Da kann ruhig einmal ein Freundes-Bein ins Wanken kommen. Unser Lebensgefühl wird dadurch weniger erschüttert, weil wir uns spontan anderen Freunden zuwenden können. Doch diese Stabilität der Freundschaften hat wie alles im Leben einen entscheidenden Nachteil. Sie erfordert von uns eine große Selbständigkeit und Unabhängigkeit, denn bei keinem Freund können wir uns vollständig anlehnen und von ihm totalen Schutz und absolute Sicherheit erwarten. Das Konzept der Freundschaftsvielfalt setzt also voraus, dass wir erwachsen und mutig den Mittelpunkt des Lebens in uns selbst sehen. Unsere Freunde können uns helfen, uns stützen, aber wir müssen letztlich unsere Lebensprobleme selbst lösen. Wir müssen akzeptieren, dass die erwachsenen Freundschaften immer ein wenig Distanz beinhalten. Dann werden wir allerdings auch die Erfahrung machen, dass diese Freundschaften sehr tragfähig sein können. Es kommt bei den Freundschaften offenbar darauf an, dass man realistisch ist ohne zu resignieren. Oder wie es einer meiner Freunde einmal ausdrückte: *„Man muss Menschen so nehmen wie sie sind und dann das Beste draus machen. Mit Verstand und Herzblut. Dann gelingen gute Freundschaften."*

Besser eine schlechte Freundschaft
als gar keine?
Sprichwort

Wie kann man seine Freundschaften verbessern?

Als ich vor fast zwanzig Jahren begann, mich intensiver mit dem Thema Freundschaft zu beschäftigen, war ich etwas ratlos. Ich hatte einen sehr guten Freund, auf den ich mich absolut verlassen konnte, der fast alles über mich wusste. Und ich hatte einen engen freundschaftlichen Kontakt mit drei Frauen, den ich allerdings als entwicklungsfähig empfand. Diese Beziehungen waren genauso wenig perfekt wie ich selbst, und verglichen mit meinen früheren Busenfreund-schaften empfand ich sie als zu distanziert. Ich hatte den Wunsch, die Beziehungen zu diesen Freunden, die ich teil-weise schon mehr als fünfzehn Jahre kannte, zu verbessern. Obwohl mir das gelang, gab es in diesen Freundschaften ge-legentlich kleine Verstimmungen, Konflikte und Zeiten der Distanz. Aber ich hielt an diesen Freundschaften fest. Es waren zwar eher Alltagsfreundschaften, doch ich schätzte sie, weil ich wusste, dass neben dem Gold der idealen Freund-schaft auch das Silber, auch die Bronze des Lebens wichtig war. Und ich hatte durchaus erlebt, dass in solchen Alltags-freundschaften ein großes Entwicklungspotential steckt. Al-lerdings passierte es mir immer wieder, dass ich über kleinere Konflikte in solchen Freundschaften ziemlich verstimmt war. Vor allem dann empfand ich stark, dass mir manchmal ein gewisser Realismus im Umgang mit Alltagsfreunden fehlte.

Die kolossalen Seeschlangen

Um etwas mehr über die realistische Freundschaftskunst zu erfahren, las ich Arthur Schopenhauer. Er war der Meinung, dass wahre Freundschaften zu den Dingen gehören, von denen man, wie von den kolossalen Seeschlangen, nicht wüsste, ob sie Fabelwesen wären oder tatsächlich existierten.[28] Diese skeptische Einstellung Schopenhauers fand ich zwar originell, aber ich konnte mich ihr nicht anschließen. Etwas mehr konnte ich mich für die Empfehlung des römischen Politikers und Philosophen Cicero erwärmen, wir sollten nicht nur die Idealfreundschaften gelten lassen. Er war der Meinung, dass man sich immer an das halten müsse, was im Leben Brauch wäre und nicht an das, was man sich wünsche. Das bedeutet meines Erachtens nun nicht, dass man im Leben resignieren und alles gut finden soll. Wer aufmerksam die Wirklichkeit zur Kenntnis nimmt, kann sie leichter verändern als jene Menschen, die sich von ihren Wunschträumen leiten lassen. Es hat leider große Nachteile für uns, wenn wir die Wirklichkeit des sozialen Lebens verkennen und zu wenig Menschenkenntnis haben. Zu diesem Ergebnis kamen auch amerikanische Wissenschaftler, die bei einer Befragung feststellten, dass die meisten Menschen eine zu idealistische Einstellung zum Thema Freundschaften haben. Das hindere sie daran, sich in Freundschaften angemessen zu verhalten und Konflikte geschickt zu bewältigen.

Wir müssen es lernen, unsere Mitmenschen realistisch zu sehen und trotzdem an dem Ideal einer echten Freundschaft festhalten. Wenn wir die übertriebene Idealisierung der Freundschaften aufgeben, dürfen wir nicht in den Fehler verfallen, jede Beziehung unkritisch zu akzeptieren. Die Qualitätsunterschiede der im Alltag gepflegten Freundschaften sind erheblich. Auch meine Kursteilnehmer betonten immer wieder, dass man einen Mittelweg gehen müsse. Typisch war die Ansicht eines 35-jährigen Handelsvertreters: *„Wenn ich*

zu hohe Anforderungen an Freundschaften stelle, dann ent-
werte ich meine ganzen Beziehungen. Da wird man ja trüb-
sinnig, weil man plötzlich meint, überhaupt keine Freunde zu
haben. Trotzdem muss man aber bestimmte Maßstäbe besit-
zen. Schließlich ist nicht jede Beziehung eine Freundschaft.
Die bekannteste 'Qualitätsskala' zur Einstufung von Freundschaften stammt von dem griechischen Philosophen Aristoteles. Er war der Ansicht, dass es drei Arten von Freundschaften gibt, die erstens wegen des gegenseitigen Nutzens oder
zweitens wegen der Lust gepflegt werden. Doch anzustreben
seien nur die Freundschaften der dritten Kategorie und das
sind die zwischen tugendhaften Menschen, die aufrichtig um
ihre eigene Entwicklung bemüht sind.

Freundschaften zum wechselseitigen Nutzen

Als ich mich bei dem 42-jährigen Automechaniker Hans er-
kundigte, wie es ihm bei der Arbeitssuche ginge, meinte er:
„Es gibt kaum Stellen. Aber ich bin mit einem Autohändler
befreundet, der kann mir sicherlich helfen." Wohl dem, der in
den heutigen Zeiten solche Freunde hat. Zwar sind diese Beziehungen meist nicht sehr intensiv. Doch sie sind so wichtig,
dass man umgangssprachlich einen besonderen Begriff für sie
geprägt hat. Man nennt sie die 'Vitamin-B-Freundschaften'.
Das 'B' steht für Beziehungen, die man braucht, um eine ge-
wünschte Wohnung, einen Arbeitsplatz oder bestimmte Ver-
günstigungen zu bekommen.

Bei anderen Freundschaften, in denen der wechselseitige
Nutzen im Vordergrund steht, geht es um die direkte Hilfeleistung. Man hilft dem Freund bei der Renovierung der
Wohnung, beim Umzug oder der Reparatur seines Autos.
Und dieser Freund soll uns wiederum bei allen Aktivitäten
helfen, die wir nicht allein durchführen können. So ist auch
die Aussage eines 45-jährigen Berliners zu verstehen, der im

Verlauf einer Studie gefragt wurde, was gute Freunde füreinander tun. Er antwortete: *„Ja, zum Beispiel, die kleben einem ein Pflaster an die Stelle, an die man nicht selbst hinkommt ... Ich meine das auch ganz wörtlich. Wenn ich am Rücken ein Geschwür habe, wo ich mir selbst kein Pflaster ankleben kann, da kann ich einem Freund sagen, du, hör mal, ich habe da so ein Geschwür, gucke mal nach, das tut mir weh, ich kann das nicht sehen, beschreibe mir das mal, muss ich damit zum Arzt gehen? Tue mir da ein bisschen Salbe drauf."*[29]

Im Vordergrund solcher Beziehungen steht immer der Nutzen, während die Gefühle der Zuneigung zurückstehen. Derartige Freundschaften werden beendet, wenn einer dem anderen nicht mehr von Nutzen sein kann. Insofern handelt es sich nicht um wirkliche Freundschaften. Solche Beziehungen verdienen das Prädikat Freundschaft nicht. Dieser Ansicht war auch Rahel Varnhagen (1771-1833), die mit ihrem berühmten Berliner Salon zur Zeit der Romantik im Mittelpunkt des literarischen Lebens stand. Diese Vorkämpferin der Frauenbewegung vertrat leidenschaftlich die Ideale der Freundschaft. Nach ihrer Überzeugung würden wirkliche Freundschaften kein Nützlichkeitsdenken kennen. Zwar räumte auch Rahel Varnhagen ein, dass in allen menschlichen Beziehungen ein Handel vorherrscht. Doch das könne nicht in Freundschaften gelten. Kategorisch meinte sie, in den Freundschaften dürfe man nicht rechnen und schauen, was man gegeben und erhalten habe. Mal müsse der eine mehr tun, mal der andere, so sei eben das Prinzip der Freundschaft.[30]

Nicht alle Menschen sind so konsequent und anspruchsvoll. Für manchen ist die Verlockung groß, sich jedermann zum Freund zu machen, weil ihm das etwas nützt. Lassen Sie mich ein Beispiel berichten: Kürzlich unterhielt ich mich mit einem Künstler über das Geheimnis seines Verkaufserfolgs. Er selbst war mit allen möglichen Galeristen und Journalisten befreundet, die den Verkauf seiner Bilder und Skulpturen förderten. Dafür lud er sie hin und wieder zum Essen ein und sparte auch nicht mit anerkennenden Worten. *„Ich gebe ihnen doppelt so viel Anerkennung, als es angebracht wäre. Damit gewinne ich sie für mich und sie setzen sich für meine Kunst ein. Das ist mein Erfolgsrezept. Mach es auch so"* – riet er mir augenzwinkernd. Ich glaube nicht, dass ich diesem Ratschlag folgen werde. Mich irritierte, dass er diese Beziehungen wirklich für Freundschaften hielt. Nach dem Gespräch fielen mir die mahnenden Worte von Matthias Claudius ein, die er seinem Sohn mit auf den Weg gab: *„Wenn Du Paul den Peter rühmen hörst; so, wirst Du finden, rühmt Peter den Paul wieder, und das heißen sie denn Freunde."*[31] Nun mag man einwenden, dass in einer guten Freundschaft immer beide einen Nutzen von der Beziehung haben. Trotzdem schockierte mich die Definition des französischen Philosophen Charles de Montesquieu (1689-1755): *„Die Freundschaft ist ein Vertrag, durch den wir uns verpflichten, kleine Dienste zu erweisen, damit wir in den Genuss größerer kommen."* Zwar empfinde auch ich es in guten Freundschaften immer so, dass ich viel bekomme und meinen eigenen Gefühlsaufwand nicht spüre. Aber ich spekuliere in diesen Freundschaften nicht auf einen unmittelbaren Nutzen, und darauf kommt es wohl an. Es gibt Freunde, die sich nur melden, wenn sie irgendeinen Wunsch haben. Man ist schon misstrauisch, wenn sie anrufen, weil man weiß, dass sie wieder etwas wollen. Mit ihrer Freundlichkeit verbinden sie immer einen Zweck; und auf dieser Basis kann eine wirkliche Freundschaft nicht gedeihen.

Freundschaften, die dem Vergnügen dienen

Die zweite Form der Freundschaft beruht nach Aristoteles auf der Lust. Wir würden heute eher sagen, dass sie dem Vergnügen dient. Man verreist zusammen, geht gemeinsam aus,

trinkt sich auch einmal einen Rausch an, treibt Sport und sucht interessante Erlebnisse. Es geht um einen schönen und angenehmen Zeitvertreib und nicht darum, den anderen tiefgründig zu verstehen. Können wir solchen Beziehungen das Prädikat Freundschaft verleihen? Ich bin diesbezüglich vorsichtig, denn mir gehen die Worte der 39-jährigen Herta nicht aus dem Kopf, die vor einem Jahr wegen Angstzuständen zu mir kam. Sie erzählte mir in einer Therapiestunde, nachdem ich sie gefragt hatte, wie sie den Feierabend verbringt: *„Nach der Trennung von meinem Mann und dem Auszug meines Sohnes war ich sehr einsam. Mir fiel die Decke auf den Kopf. Da habe ich eines Tages einen Hinweis in unserer Bezirkszeitung gelesen, dass der Gesangsverein Mitglieder sucht. Weil ich schon in der Schule gern gesungen habe, ging ich dorthin. Ich fühle mich im Gesangsverein wohl und singe nun sogar zuhause die alten Volkslieder. Und dann habe ich mich noch einer Gruppe angeschlossen, in der wir alle 14 Tage Karten spielen. So Rommé, Schummel-Lieschen und Canasta und solche Sachen. Ich fühle mich dort aufgehoben. Wenn's mir mal ganz mies geht, sagen sie in der Gruppe: 'Na, der Herta geht's schlecht. Wir müssen ihr einen Mann suchen.' Dann muss ich lachen und es geht mir wieder gut."*
Ich glaube, das Beispiel von Herta zeigt recht deutlich, dass sich bei solchen Treffen auch freundschaftliche Kontakte entwickeln können. Wer sich regelmäßig im Sportverein trifft, will meist nicht nur seinen Körper trainieren. Oftmals will er dort auch nette Menschen treffen und sich mit ihnen unterhalten. Allerdings besteht immer die Frage, ob das wirkliche Freundschaften sind. Meist wird es sich eher um freundschaftliche Beziehungen handeln. Zwar redet man zuweilen auch über sich persönlich, aber das wird häufig nicht vertieft. Doch es gibt auch Menschen, welche die Chancen von Gruppenbeziehungen zu nutzen wissen. Sie ergreifen die vielen Gelegenheiten, um die Teilnehmer zu sich nach Hause einzuladen und einzelne genauer kennenzulernen. Sie spüren, dass

Gruppen ein idealer 'Nährboden' für Freundschaften sind. Durch die gemeinsamen Aktivitäten hat man Gesprächsstoff. Und man kann die anderen über lange Zeit hinweg kennenlernen und sich prüfen, ob man eine nähere Freundschaft beginnen möchte. Deshalb sollte sich jeder einer Gruppe seiner Wahl anschließen, wenn er nicht weiß, wie er Freunde finden soll.

Die Herzensfreundschaften der Tugendhaften

Es ist ziemlich leicht zu erklären, was in einer Freundschaft passiert, wenn man sich bei den Schulaufgaben hilft. Oder miteinander regelmäßig zum Kegeln geht. Doch in den wirklichen Freundschaften passiert mehr. Ein Dichter würde sagen, dass hier eine Seele zur anderen findet. Tatsächlich entsteht durch das Interesse zweier Menschen, durch ihre gegenseitige Zuneigung eine intensive Bindung. Doch dies ist nur möglich, wenn einer dem anderen innerlich zugetan ist. „Es muss etwas Liebe drin sein", meinte einmal ein Freund. Meine Großmutter hätte gesagt, man müsse dem anderen gut sein. Anders ausgedrückt: Man muss am Wohlergehen des anderen interessiert sein, damit eine wirkliche Freundschaft entsteht. Deshalb war Aristoteles überzeugt, eine echte Freundschaft sei nur unter tugendhaften Menschen möglich. Das klingt heutzutage etwas verstaubt. Deshalb werde ich im Folgenden etwas ausführlicher von Momo berichten. Momo war ein kleines Mädchen mit braunen Augen, das immer in sehr alten Sachen herumlief. Auf Menschen, die die Sauberkeit liebten, wirkte sie möglicherweise etwas abschreckend. Doch die meisten Menschen, die sie näher kannten, mochten sie, weil sie immer so guter Stimmung war. Da sie ein 'gutes Herz' hatte, hörten die Menschen in ihrer Nähe auf zu streiten. Wie von einer unsichtbaren Kraft beeinflusst, begannen sie, an sich und ihre Fähigkeiten zu glauben. So erging es auch dem Fremdenführer Gigi, der einer der besten Freunde Momos war. Seine Leidenschaft war das Geschichtenerzählen. Früher waren seine Erzählungen manchmal etwas kümmerlich. „Seine Geschichten waren sozusagen zu Fuß gegangen, aber seit er Momo kannte, hatten sie plötzlich Flügel bekommen. Besonders dann, wenn Momo dabei war und ihm zuhörte, blühte seine Phantasie auf wie eine Frühlingswiese."[32] Offenbar hatte die kleine Momo aus dem gleichnamigen Märchen-Roman von Michael Ende einen liebenden Blick. Sie sah die Menschen so, wie sie sein könnten und bestärkte so ihre Entwicklungskräfte.

Kritische Leser werden einwenden, dass es so tugendhafte Menschen wie Momo nur im Märchen gibt. Das stimmt. Doch auch im wirklichen Leben trifft man gelegentlich Menschen, die aufrichtig am anderen interessiert sind und dies ist die wichtigste Tugend der Freundschaft. Wirkliche Freunde freuen sich, wenn sich der andere entwickelt. Und ein guter Freund wird mitleiden, wenn es dem anderen schlecht geht. Ich meine also, dass man über diese Tugend im Sinne des Gemeinschaftsgefühls verfügen muss, um wirklich freundschaftsfähig zu sein. „Freundschaft ist immer auch eine Sache des Herzens", meinte kürzlich eine Kollegin. Allerdings wurde diese These von einer Bekannten energisch angezweifelt. Sie fand meine Ausführungen zu idealistisch und fragte mich etwas spöttisch, ob es nicht auch Freundschaften unter Verbrechern gebe. Schließlich sei doch bekannt, dass es früher unter Seeräubern oft dicke Freundschaften gab. Ich kann das nicht so recht beurteilen, denn ich verkehre nicht in diesem Milieu. Doch ich kann mir vorstellen, dass sich in Verbrecherkreisen niemand wirklich auf den anderen verlassen kann. Vielleicht hält man gegenüber der Polizei und rivalisierenden Gangsterbanden zusammen. Aber wer andere ausraubt oder totschießt, verpfeift auch seinen Freund, wenn er ihm eine Million abknöpfen kann. Kurz gesagt: Wer andere betrügt, hat vermutlich überhaupt keine Freunde.

Insofern gebe ich Aristoteles recht, wenn er meint, dass man eine Freundschaft nur mit einem tugendhaften Menschen schließen kann. Auf eine sehr interessante Weise bestätigte mir das kürzlich auch ein sehr tüchtiger 50-jähriger Unternehmer. Er hat einen größeren Freundeskreis, mit dem er sich regelmäßig trifft. Mit diesen Freunden kann er Segeln gehen, Tennis spielen oder sich über politische Fragen unterhalten. Und die Freunde sind wichtig, wenn er einen neuen beruflichen Kontakt aufbauen will. Trotzdem klagt er, er fühle sich etwas einsam: *„Jeder denkt eigentlich doch am meisten an sich. Sie sind zu ehrgeizig oder geltungshungrig, um wirklich zu erfassen, wer ich bin. Ich habe nur einen Freund, der anders ist. Er ist sehr ruhig und verschwiegen. Er hat etwas sehr liebenswürdiges. Er spricht nicht viel und ist auch nur ein kleiner Angestellter. Doch ich habe immer das Gefühl, dass der mich mag und versteht. Obwohl ich nicht viel über mich rede. Er ist eine Perle von Mensch – hätte man früher gesagt. Solche Freunde sind selten."* Das bestätigte auch eine Befragung unter Leningrader Oberschülern und Studenten. 72% von ihnen waren der Ansicht, dass echte Freundschaften selten seien.[33]

Allerdings ist es nicht einfach, die Tugendhaftigkeit seiner Mitmenschen zu erkennen. Es ist eben viel leichter, einen Freund nach seiner Redegewandtheit, seinem Aussehen, seinen beruflichen Fähigkeiten oder nach seiner Geldtasche zu beurteilen. Bei der Tugendhaftigkeit handelt es sich mehr um innere Werte. Die meisten Menschen, die ich kenne – mich einbegriffen – haben einiges Lehrgeld bezahlen müssen, bevor sie diese inneren Werte erkennen lernten.

Die Durchschnittsfreundschaften

Als wir in den Kursen von den echten und tiefen Freundschaften sprachen, wirkten etliche Teilnehmer bedrückt. Sie hatten den Eindruck, keine richtigen Freundschaften zu haben und waren etwas sprachlos. Schließlich meinte einer von ihnen: *„Es geht mir ganz merkwürdig. Ich habe schon Freundschaften. Sie sind weder toll noch mies. Sie sind durchschnittlich. Mir geht es ganz komisch, wenn ich höre, dass man tugendhafte Freunde haben soll. Alle Menschen haben doch irgendwie Fehler. Es kommt nur darauf an, vernünftig damit umzugehen."* Ich stimmte dem zu, obgleich sich in mir auch Widerstand regte. Ich hatte die Angst, dass man auf diese Weise auch etwas resigniert, dass man sich mit seinen Durchschnittsfreundschaften abfindet. Doch ich sah ein, dass wir uns zunächst mit diesen 'Durchschnittsfreundschaften' beschäftigen mussten. Diesen Ausdruck wählten meine Kursteilnehmer für jene Freundschaften, die dem Durchschnitt entsprechen: Sie sind weder gut noch schlecht, sondern alltäglich. In diesen Durchschnittsfreundschaften gibt es oft gravierende Probleme. Sie hängen vor allem damit zusammen, dass wir alle nicht so recht gelernt haben zu kooperieren.

1. Das Geltungsstreben

Wer von uns redet nicht gern über sich und stellt sich hin und wieder in den Mittelpunkt? Wir tun das, um die Anerkennung unserer Mitmenschen zu erringen. Wenn uns intensive Minderwertigkeitsgefühle quälen, werden unsere Geltungswünsche entsprechend stark sein. Vor allem Alfred Adler hat darauf hingewiesen, dass sich ein solches Geltungsstreben in allen Beziehungen störend auswirken kann. Ein heftiges Geltungsstreben führt dazu, dass man ständig versucht, die Bewunderung des Freundes zu erringen. Manche Menschen erreichen das sogar. Sie stehen oft im Mittelpunkt, weil sie sehr gut reden können, gut aussehen oder brillant argumentieren können. Deshalb sind sie als Freunde begehrt. Doch wer mit ihnen Freundschaft schließt, hat es schwer. Er kommt schnell in die Rolle des zuhörenden, staunenden Bewunderers, und das ist auf die Dauer wenig befriedigend. Selbstkritisch meinte die 25-jährige Studentin Claudia, als ich sie über ihre Rolle in Freundschaften befragte: *„Ich bin immer der Mittelpunkt. Ich habe immer Projekte im Kopf und rede sehr gern, was in meinem Leben toll läuft. Ich habe lange darüber nachgedacht, dass meine Freunde eher ruhig sind. Ich glaube, ich würde ganz schön mit ihnen rivalisieren, wenn sie so tüchtig und geltungshungrig wären wie ich."*

2. Das Problem der Verwöhnung

Viele andere Menschen haben nicht das Ziel, sich zu sehr in den Mittelpunkt zu drängen. Sie erwarten aber immer, dass man ihnen hilft und sich auf sie einstellt. Ein Kollege meinte: *„Es gibt Freunde, bei denen bekommt man einen Schreck, wenn sie anrufen. Dann weiß ich immer, dass es Probleme gibt. Ich helfe natürlich so gut ich kann... und nach dem Gespräch geht es dem anderen gut, mir aber schlecht. Und dann ist wieder vier Wochen Pause. Und dann ruft er an, weil er Leute braucht, die ihm beim Umzug helfen. Aber wenn ich mal in Not bin, hat er keine Zeit. Da könnte man doch aus der Haut fahren."*

3. Das Streben nach Macht

In vielen Freundschaften macht der eine Freund ständig Vorschläge und Pläne, während der andere eher der 'Mitmacher' ist. Der aktive Freund ist meist schon von Kindesbeinen an daran gewöhnt, dass er bestimmen darf: Ich würde vorschlagen... wir fahren nach... Wollen wir nicht in die Kinovorführung gehen? Morgen treffen wir uns mit... Wenn zuweilen auch der andere Vorschläge macht, werden sie kaum beachtet. Denn der aktive Freund kann schlecht zuhören. Er hat eher die Tendenz, sich in das Leben seines Freundes einzumischen und ihm gute Ratschläge zu geben. Wenn der Freund diese gutgemeinten Hinweise nicht befolgt, wird er sauer. Das führt längerfristig immer zu Konflikten. Zwar ist der Mitmacher zunächst oft froh, einen aktiven Freund gefunden zu haben, weil er seinen eigenen Impulsen nicht vertraut. Doch manchmal ärgert er sich auch sehr über dessen Machtallüren. „Er bemerkt das gar nicht mehr, wie sehr er immer bestimmt„, beschwerte sich der 38-jährige Industriekaufmann Hans, der eher verhalten wirkte, bei mir. Er hatte sich immer Freunde gesucht, die sehr aktiv waren und die Initiative in der Beziehung ergriffen. Doch gelegentlich wurde er auch sauer: *„Wenn ich selbst Vorschläge einbringe, hört er nie hin. Man muss nur einmal sehen, wie wir spazieren gehen. Ich trotte an seiner Seite, er geht zielstrebig auf ein Ziel los. Das hat sich schon richtig eingespielt. Wenn ich das ändern will, ist das eine Staatsaktion. Wenn ich mal nicht so mache, wie er es will, wird er sauer. Finden Sie nicht, dass das Macht ist? Ich finde, dass ich das ändern sollte."*

Solche Machtstrukturen können eine Freundschaft sehr belasten. Doch wesentlich problematischer ist es natürlich, wenn institutionelle Machtstrukturen in eine Freundschaft hineinspielen. Am deutlichsten wird dies bei einer Freundschaft zwischen einem Chef und einem seiner Mitarbeiter. Selbstverständlich ist es durchaus möglich, dass sich zwischen beiden eine gute Freundschaft entwickelt. Es mag sein, dass das 'Chef-Angestellten-Verhältnis' zwischenzeitlich von beiden vergessen wird. Doch das kann sich ändern, wenn der Chef seine Interessen bedroht sieht. Dann wird er notfalls gegen die Meinung des befreundeten Angestellten handeln und auf seine Machtposition zurückgreifen. Deshalb sollte man sehr zurückhaltend sein, mit Menschen in Machtpositionen Freundschaften zu schließen, sofern man von ihnen abhängig ist. Das gilt im Wirtschaftsleben ebenso wie in der Politik und in Sportvereinen. Zu oft gilt dort das Prinzip 'Macht kontra Freundschaft'.

4. Die Eifersucht als Freundschaftsbremse

Sehr belastend sind häufig auch Eifersuchtsgefühle, die in allen intensiven Beziehungen leicht entstehen können. So beschwerte sich in der Therapiestunde eine junge Frau bei mir: *„Kürzlich dachte ich wieder, meine Freundin ist doch wie ein kleines Minenfeld. Meist ist sie ja nett. Doch man weiß bei ihr nie, wann eine kleine Tretmine hochgeht."* Vor allem enge Freundschaften sind eifersuchtsgefährdet, wenn es in der Beziehung einen untergründigen Konflikt gibt. Dann hat natürlich jeder Freund Angst, dass der andere eine bessere Beziehung eingeht. Er wird hellhörig, wenn der Freund erzählt, er habe sich mit einem anderen Freund getroffen und sich mit ihm gut verstanden. Wenn man mutig genug ist, sollte man diese Gefühle ansprechen und den Freund fragen: *"Hast Du Dich über mich geärgert, gibt es einen Konflikt?"* Eine solche unmittelbare Aussprache ist die eigentliche Bewährungsprobe für Freundschaften. Es gibt in Freundschaften meist drei soziale Themenbereiche:

man redet über andere

man redet über sich selbst und

man redet über die Freundschaft.

Ob man sich wirklich versteht zeigt sich daran, ob man Konflikte klären und über die Freundschaftsbeziehung reden kann. Allerdings reicht es oft nicht aus, über Konflikte zu reden. Meist muss man auch handeln und die eigenen Freundschaften erweitern, um jene Abhängigkeiten zu verringern, die letztlich die Basis für Eifersuchtsgefühle sind.

5. Der Neid als Freundschaftsbremse

Häufig ist auch der Neid eine Freundschaftsbremse, indem er die Stimmung in der Beziehung verdüstert. Ich habe mich lange mit diesem Thema beschäftigt, weil ich immer gespürt habe, dass der Neid in allen Beziehungen eine große Rolle spielt. Oft muss man sehr vorsichtig sein, zu begeistert von den eigenen Erfolgen zu erzählen. Meist ist deshalb eine gewisse Zurückhaltung angebracht, um die Freunde nicht zu beunruhigen. Eine gewisse Neidbeschwichtigung ist auch in Freundschaften sinnvoll. Selbst Freunde reagieren leicht verstimmt, wenn der andere mehr Erfolg hat als sie. Als ich vor vielen Jahren ein Neidprojekt durchführte, hörte ich folgende typische Stellungnahmen:

„Ich habe seit vielen Jahren eine enge Freundschaft mit einer Frau, die eine schlechte Ehe führt. Ich habe meist ein merkwürdiges Gefühl, wenn ich ihr erzählen möchte, dass es mir mit meinem Mann immer besser geht. Ich habe Angst, dass sie neidisch ist."

„Vor einiger Zeit habe ich eine Erbschaft gemacht und kann mir vieles leisten. Irgendwie sind meine Freunde aber neidisch, weil ich weniger arbeite und das Leben genießen könne. Dadurch komme ich allerdings mehr zum Nachdenken und bin jetzt unzufriedener als früher. Diese Sorgen kann ich mit meinen Freunden besprechen, aber ich würde nie über mein Geld reden."

Das Problem der Distanz

Die fünf Freundschaftsbremsen 'Geltung, Verwöhnung, Macht, Neid und Eifersucht' beeinträchtigen nach meiner Erfahrung sehr viele Freundschaften. Es gibt Menschen, die das sehr genau spüren und die Konflikte ahnen, die es in Freundschaften geben kann. Deshalb sind sie eher distanziert und lassen sich auch in Freundschaften nicht richtig ein. Sie haben von früh an gelernt, sich emotional zurückzunehmen und nicht alles zu erzählen. Meist hatten sie Eltern, die etwas zu stimmungsvoll, dominierend oder autoritär waren. Oft hatten sie als Kind nur den Wunsch, von ihnen in Ruhe gelassen zu werden. Deshalb sind sie auch als Erwachsene in Freundschaften zu reserviert. Ihre Freunde sind daher häufig ein wenig frustriert. So erging es auch der 26-jährigen Angestellten Bettina, die immer wieder von ihrer besten Freundin enttäuscht war. Mit ausgewogenen Worten berichtet Bettina: „Wenn ich mit meiner Freundin zusammen bin, ist es meist schön. Aber wir haben eine kleine Mauer, die wir nicht überspringen können. Sie ist zuverlässig, aber emotional doch ziemlich zurückhaltend. Ich würde mir die Freundschaft ein wenig leidenschaftlicher wünschen. Ich würde mir beispielsweise wünschen, dass sie mich häufiger anruft. dass sie etwas mehr von sich erzählt. Sie wirkt immer so auf mich, als habe sie angezogene Bremsen. Irgendwie kommt von ihr nicht genug. Und wenn ich selbst einen Anlauf mache und mehr von mir erzähle und Nähe herstelle, kann sie damit nichts anfangen. Das ärgert mich schon. Wie kann man nur so distanziert sein. Sie ist wie eine kleine Burg und ich weiß nicht, ob ich das auf Dauer toleriere. Wahrscheinlich muss ich mir noch andere Freundinnen suchen."

Die Stachelschweine

Solche zurückhaltenden Menschen praktizieren sehr sichtbar das Prinzip der Distanz, das in allen Durchschnittsfreundschaften eine große Rolle spielt. Die meisten Freundschaften leben geradezu von der optimalen mittleren Distanz. Diese Erkenntnis hat Schopenhauer zu dem Gleichnis mit den Stachelschweinen veranlasst: *Eine Gesellschaft Stachelschweine drängt sich an einem kalten Wintertag sehr nah zusammen, um sich vor dem Erfrieren zu schützen. Doch bald empfinden sie die gegenseitigen Stacheln als störend und rücken auseinander. Als ihnen daraufhin zu kalt wird, rücken sie wieder zusammen und finden so die mittlere Entfernung, in der sie es am besten aushalten können.* Der Philosoph Arthur Schopenhauer vergleicht uns Menschen mit diesen Stachelschweinen

und meint, auch wir müssten die mittlere Entfernung herausfinden, in der es mit unseren Mitmenschen am erträglichsten
sei. Das Bedürfnis nach Gesellschaft würde uns zu den Mitmenschen hintreiben. Doch die unerträglichen Fehler und wi-
derwärtigen Eigenschaften stießen uns wieder voneinander
ab. Deshalb müsse man einen gewissen Abstand wahren.

Vielleicht wird es manchem Leser nicht gefallen, mit
einem Stachelschwein verglichen zu werden. Dennoch hat
Schopenhauer irgendwie recht. Selbst in guten Freundschaften muss man die Kunst des richtigen Abstands beherrschen.
Das gilt natürlich noch mehr für die Durchschnittsfreundschaften, in denen man sich manchmal 'nicht riechen kann'.
Insofern sind solche Freundschaften nur möglich, wenn jeder
einen starken Respekt vor dem seelischen Territorium des anderen hat. Wenn man das nicht beherzigt, gibt es ständig sehr
viel Streit, weil man sich dann mit seinen Fehlern und Emp-
findlichkeiten aneinander aufreibt.

Das persönliche Gespräch

Trotz kleiner oder großer Schwierigkeiten fühlen sich die
meisten Menschen zu ihren Freunden hingezogen. Ihr
Wunsch nach freundschaftlicher Nähe ist offenbar stärker als
ihre Distanzgefühle. Dieser Wunsch wird vor allem in jenen
Freundschaften deutlich, die vom persönlichen Gespräch geprägt sind. Man tauscht sich über die Probleme mit den Lie-
bespartnern aus, erzählt sich von Sorgen und Hoffnungen
und berichtet dem Freund über die aktuellen beruflichen
Schwierigkeiten. Durch solche Gespräche fühlt man sich erleichtert und kann manchmal die Probleme mit anderen
Augen sehen. Leider sind diese Gespräche häufig eher einseitig. Oft gerät ein Freund mehr in die Rolle des Zuhörers,
während ihm der andere sein Herz ausschüttet. Anders ausgedrückt: Ein Freund übernimmt dann die Rolle des Beicht-

vaters, Kummerkastens und Trösters. Allerdings kenne ich auch Freunde, die in der Lage waren, solche einseitigen Rollenmuster zu erkennen und zu überwinden. Und ich selbst habe mit meinem besten Freund ein ungeschriebenes Abkommen: Meist teilen wir die Zeit beim telefonieren: Erst berichte ich, dann er (oder umgekehrt) und jeder achtet darauf, dass der andere sich auch mit seinen Sorgen und Problemen einbringen kann.

Manchmal ist es in Freundschaften sinnvoll, dass wir die Rollenmuster umdrehen, so dass der Vielredner schweigt und der Schweigsame viel Zeit hat, um zu reden. Doch das ist manchmal gar nicht so leicht, denn der ,Schweigsame' hat oft große Schwierigkeiten, wirklich über sich zu erzählen. Sie sprechen zwar über vieles, aber sie schweigen, wenn ihnen etwas wirklich nahe geht. Lassen Sie mich das am Beispiel des 40-jährigen Hochschullehrers Manfred verdeutlichen. Er trifft sich seit über 15 Jahren jede Woche mit einem guten Freund zum Tennis. Sie reden über das Wetter, Krankheiten und berufliche Sorgen. *„Doch mein Freund redet kaum darüber, dass es in der letzten Zeit mit seiner Frau zu sexuellen Schwierigkeiten gekommen ist. Dabei habe ich doch gemerkt, dass etwas mit ihm nicht stimmt. Ich habe ihn dann bearbeitet und er rückte ein wenig mit der Wahrheit heraus. Aber was wirklich los ist, erzählt er nicht. Er will nicht„,* – bemängelte Manfred in einem Gespräch.

Manchmal ist es auch gar nicht möglich, dass man sich über so intime Dinge mit seinem Freund oder seiner Freundin unterhält. Manchmal sind die Lebensauffassungen so unterschiedlich, dass sich die Freundinnen nicht verstehen würden. *„Ich kann mit meiner Freundin Brigitte nicht darüber reden, dass ich gern Kinder bekommen möchte. Ich leide darunter, dass meine beiden Schwestern Kinder bekommen – nur ich nicht„,* berichtete mir eine 32-jährige Krankenschwester, als sie mir ausführlich von ihrer Freundschaft erzählte. *„Meine Freundin Brigitte hat keine feste Partnerschaft, ist sehr auf ihre*

Freiheit bedacht. Sie hat eher Angst davor, dass sie schwanger werden könnte. In diesem Punkt trennen uns Welten. Also schweige ich über meinen Kinderwunsch und spreche mit ihr über die Dinge, die uns verbinden. Sie ist nämlich ansonsten eine Freundin, auf die ich mich wirklich verlassen kann."

Das gemeinsame Dritte

In den Durchschnittsfreundschaften kann man nicht über alles reden. Umso wichtiger sind die sozialen Interessen. Sie halten die Beziehung zusammen, auch wenn die emotionale Basis etwas kriselt. Der Schwerpunkt solcher 'Interessen-Freundschaften' liegt beispielsweise bei vielen Studenten darin, dass man zusammen Prüfungen absolviert, Arbeitskreise und Seminare besucht. Oder man hat gemeinsame Projekte, die man verwirklicht. Man gehört einer Gruppe an, in der engagiert für den Umweltschutz gekämpft wird, oder es geht darum, den schönsten Kanarienvogel zu züchten. Oder man arbeitet in der Freizeit zusammen. Ich erinnere mich heute noch gern an die Zeiten, in denen ich gemeinsam mit Freunden Wohnungen renovierte und später am Umzug teilnahm. Das war immer wie ein kleines Fest. Pinsel schwingend liefen wir durch die Räume, klebten Tapeten an, strichen Fenster und Türen, und am Abend gab es Erbsensuppe. Am Wochenende lärmten wir heiter durch das Treppenhaus, Kisten wurden geschleppt, Schränke zerlegt, und es herrschte eine fabelhafte Stimmung, an die man sich auch später noch gern erinnerte. Das Beeindruckende ist im Nachhinein für mich, dass wir uns sonst untereinander durchaus nicht alle verstanden. Der eine Freund hatte oft schlechte Laune, ein anderer war empfindlich, ein dritter rivalisierte ständig – aber an diesen Tagen waren wir alle guter Stimmung. Die Aktivität des Umzugs beschwingte uns und ließ uns zu einer festen Gemeinschaft zusammenwachsen.

Durch das gemeinsame Dritte lassen sich auch persönliche Differenzen überbrücken. Das war jedenfalls die Ansicht Goethes, der einmal meinte, Freundschaft könne 'sich nur praktisch erzeugen': *„Neigung, ja sogar Liebe hilft alles nichts zur Freundschaft. Die wahre, die tätige, die produktive besteht darin, dass wir gleichen Schritt im Leben halten, dass er meine Zwecke billigt, ich die seinigen und dass wir so unverrückt zusammen fortgehen, wie auch sonst die Differenzen unserer Denk- und Lebensweise sein mögen."*[34] Mithilfe dieser Anschauung schonte Goethe seine Freundschaften und erwartete nicht zu viel von ihnen. Er wusste, dass man die Beziehung stärkt, wenn man sich im täglichen Leben unterstützt und nicht auf eine Gleichheit der Meinungen drängt. So schrieb er an August Herder: *„Das sicherste Mittel, ein freundliches Verhältnis zu hegen und zu pflegen, finde ich darin, dass man sich wechselseitig mitteile, was man tut. Denn die Menschen treffen viel mehr zusammen in dem, was sie tun, als in dem, was sie denken."*[35])

Berufsfreundschaften

In einem sehr starken Maße ist der Gesichtspunkt der gemeinsamen Tätigkeit bei den Berufsfreundschaften gegeben. Es gibt viele Berufe, in denen relativ leicht solche Freundschaften entstehen, weil sich jeder mit seiner Persönlichkeit voll in die Arbeit einbringt. Der Beruf ist dann nicht nur eine Möglichkeit des Geldverdienens, sondern eine Quelle der Persönlichkeitsentfaltung. Der Einzelne wird durch die seinem Beruf innewohnenden Werte und Ziele unmerklich geprägt, ohne sich dessen immer bewusst zu sein. Man ist emotional so stark im Beruf engagiert, dass es eine Trennung zwischen der Arbeit und der Freizeit kaum gibt. Deshalb bewegt man sich als Lehrer, Arzt, Psychologe, Künstler oder Journalist auch privat erfahrungsgemäß in einem Freundeskreis, in dem man seinesgleichen trifft. Man versteht sich leichter mit Menschen, die von den gleichen Schwierigkeiten betroffen sind, ähnliche Erfahrungen machen und dieselbe Berufssprache sprechen. Ich kenne sehr viele Psychologen, Lehrer und Ärzte, die mit Kollegen intensive Freundschaften geschlossen haben. Dabei geht es eben nicht nur um den Beruf, sondern um gemeinsame Lebenserfahrungen. Deshalb können solche freundschaftlichen Beziehungen eine große Tiefenwirkung haben, selbst wenn man eine gewisse persönliche Distanz wahrt. Diese ist auch sinnvoll, weil es durch den Beruf Konflikte geben kann, die schließlich die Freundschaft gefährden.

Ein großer Konfliktherd der Berufsfreundschaften liegt in der Rivalität. Man kann im Leben sehr großzügig sein und seinen Freund überschwänglich loben, wenn er ein anderes Tätigkeitsfeld hat. Doch wenn zwei Freunde den gleichen Beruf haben und auch noch in der gleichen Firma arbeiten, werden sie sich fast unweigerlich miteinander vergleichen. Erfahrungsgemäß wird der eine Freund sehr genau registrieren, dass der andere mehr verdient, schneller befördert wurde und in der Firma besser angesehen ist. Er wird sich dann fragen: 'Warum hat man mich nicht...?' Auf die Dauer wird er es kaum ertragen, immer im Schatten des erfolgreicheren Freundes zu stehen. Er wird deshalb den Freund ein wenig abwerten, indem er sich beispielsweise sagt: 'Der ist ja beruflich so erfolgreich, aber in der Ehe klappt es nicht.' Dann ist die Gleichheit wieder etwas hergestellt. Doch die Freundschaft wird durch solche Neidgefühle natürlich gedämpft. Eine wirkliche Freundschaft lebt von der Offenheit und der Bewunderung füreinander und das ist auf die Dauer bei Berufsfreundschaften selten zu finden. Hin und wieder trifft man jedoch Menschen, die wenig rivalisieren und deshalb die Chancen einer Berufsfreundschaft zu nutzen wissen. Ich habe in den letzten Jahren vor allem mit einigen Frauen gesprochen, die mir recht ausführlich von ihren Berufsfreundschaften berichteten. Beispielsweise erzählte mir die 32-jährige Beate, die als Programmiererin arbeitet: *„Ich verstehe mich mit meinen Kolleginnen ganz prima. Am Arbeitsplatz reden wir auch über persönliche Dinge. Ich kann nicht immer auf den Bildschirm starren. Meine Kolleginnen wissen, wie es mir körperlich geht, was sich in der Ehe mit meinem Mann abspielt und wie es mir mit den Kindern geht. Für mich ist das wie eine Familie.“*

Mitunter kann eine enge Freundschaft mit den Kollegen sehr schön sein. Dennoch bin ich der Überzeugung, dass kollegiale Freundschaften grundsätzlich problematisch sind, denn falls eine solche Beziehung zerbricht, kann man die berufliche Zusammenarbeit meist nicht einfach auflösen. Insofern sind typische Berufsfreundschaften immer mit einem gewissen Risiko behaftet. Das zeigt der 'Fall' der 35-jährigen Architektin Marianne. Sie war eng mit einer älteren Kollegin befreundet. Beide Freundinnen unternahmen auch nach Feierabend viel miteinander. Sie sprachen sowohl über gemeinsame Projekte als auch persönliche Probleme. Sie empfanden die Freundschaft als sehr anregend. Doch eines Tages lernten sie gemeinsam einen Mann kennen, in den sie sich verliebten. Er entschied sich für die jüngere Architektin und die Freundin war nun so eifersüchtig, dass sie versuchte, ihr den Mann abspenstig zu machen. Daran zerbrach die Freundschaft, und das Klima der Zusammenarbeit wurde daraufhin so eisig, dass sich die Architektin nach einem halben Jahr eine neue Arbeitsstelle suchte.

Gemeinsame Not schmiedet zusammen

Zumindest vorübergehend kann das gemeinsame Dritte in den Durchschnittsfreundschaften auch durch Notsituationen oder äußere Gefahren entstehen. Vor allem aus meiner Studentenzeit kenne ich viele solcher Situationen, die uns eng zusammenrücken ließen. Das galt für Klausuren und Prüfungen ebenso wie für die zahlreichen Reisen und Feste, wo oft etwas 'schiefging'. Ich erinnere mich gut an einen kalten Abend, an dem ich mit zahlreichen Freunden zusammen saß. Plötzlich ging das Licht aus, weil der Strom ausgefallen war und wir saßen im Dunkeln. Bald waren überall Kerzen aufgestellt, und wir setzten das Essen fort. Draußen heulte der Sturm und der Regen peitschte gegen die Fenster. Doch in dem kleinen Zimmer fühlten wir uns geborgen. Selten hatte ich ein solches Gefühl der Verbundenheit mit meinen Freunden gespürt, wie an jenem Abend. Es spielte plötzlich keine Rolle mehr, dass ein Freund immer Witze auf Kosten der anderen zu machen pflegte. Und dass ein anderer immer sehr gern im Mittelpunkt stand. Alle Differenzen und Konflikte, wovon es genug gab, waren wie fortgeblasen. Offenbar lassen äußere Unannehmlichkeiten und Gefahren Menschen enger zusammenrücken. Das ist vielleicht auch ein Grund dafür, warum in den ansonsten zerstörerischen Kriegszeiten mancher eine vorher ungekannte Solidarität erlebt hat. Wer in vielen Nächten zusammen im Keller vor Bomben Schutz suchte und dann gemeinsam auf der Flucht war, kommt sich oftmals näher als durch feinsinnige Gespräche. Davon wusste auch Matthias Claudius. Er schrieb: *„So sind Leute, die zusammen Schiffbruch leiden, und die an eine wüste Insel geworfen werden, Freunde. Nämlich das gleiche Gefühl der Not in ihnen allen, die gleiche Hoffnung und der eine Wunsch nach Hülfe einigte sie; und das bleibt oft ihr ganzes Leben hindurch."*[36] Nicht selten wird man allerdings feststellen müssen, dass die freundschaftlichen Gefühle schwinden, wenn die Notlage vorbei ist. In Notzeiten kann man nicht sehr anspruchsvoll in der Auswahl seiner Freunde sein. Meist entstehen Zufallsfreundschaften, die nur durch die gemeinsame Not zusammengehalten werden. Doch dieser Zusammenhalt ist brüchig. Zwar ist die Abwehr gemeinsam erlittenen Unglücks oder großer Schwierigkeiten ein hervorragendes soziales Bindemittel. Doch erst wenn die gemeinsame Not fortfällt, zeigt sich nicht selten die geringe Tragfähigkeit solcher Beziehungen. Das gilt übrigens auch für den Zusammenhalt gegen einen gemeinsamen 'Feind'. Falls der nicht zur Verfügung steht, reicht es aus, wenn zwei Freunde eine große Abneigung gegen einen bestimmten Menschen oder eine Gruppe haben. Es kommt nur darauf an, sich gemeinsam über etwas aufzuregen. Nichts hält so sehr auf einfache Art und Weise zusammen und dient als Blitzableiter für Aggressionen in der Beziehung. Mich hat es früher bei meinen Patienten erstaunt, dass der Zusammenhalt in manchen Durchschnittsfreundschaften am besten war, solange sie sich immer wieder über bestimmte Menschen aufregen 'mussten'. Beispielsweise erzählte mir der 22-jährige Student Axel: *„In meiner Arbeitsgruppe hatten wir früher einen Typen, der immer zu spät kam und sich nie vorbereitet hatte. Wir fanden ihn alle unmöglich. Ansonsten verstanden wir uns recht gut. Mit vielen war ich befreundet. Wir waren uns einig, dass dieser Typ aus unserer Gruppe raus musste. Doch seitdem er nicht mehr da ist, streiten wir untereinander. Ich verstehe das nicht."* Natürlich klingt das paradox. Man könnte sich doch darüber freuen, dass der Störenfried weg ist. Doch offenbar hatte man über seine Abneigung gegen diesen Menschen eine Gemeinsamkeit gefunden, die sonst schwer herzustellen ist. Zudem war er der Blitzableiter für die Aggressionen in der Gruppe und leistete so einen wichtigen Dienst für die Gemeinschaft.

Erwartungen reduzieren

Die Durchschnittsfreundschaften sind offenbar kein Ruhekissen. Solchen Freunden kann man sich nicht rückhaltlos anvertrauen. Dazu besteht im Allgemeinen zu viel Distanz. Zwar kann man über einiges reden, aber über wichtige Probleme wird nicht gesprochen. Dennoch haben diese Freundschaften eine große Bedeutung in unserem Leben. Solche Beziehungen können uns durchaus einiges geben. Wer von seinen Durchschnittsfreunden nicht zu viel erwartet und in der Lage ist, Konflikte zu klären, wird vor allem die Stabilität dieser Beziehungen zu schätzen wissen. Das Thema 'Konflikte in Freundschaften' ist so wichtig und umfassend, dass ich später in einem Kapitel ausführlich darauf eingehen werde. Ich möchte deshalb zunächst zwei typische Durchschnittsfreundschaften schildern, um noch einmal die Problematik und Entwicklungschancen dieser Beziehungen zu verdeutlichen:

Beispiel 1: „Manchmal zog er sich wochenlang zurück.“

Vor einigen Jahren kam der 40-jährige Techniker Peter in meine Praxis. Er war ein redseliger, etwas schüchterner Mann, der sich sehr für psychologische Probleme interessierte. Er besuchte deshalb Gastvorlesungen an der Universität und lernte dort einen 38-jährigen Lehrer kennen. Sie verabredeten sich zu einem Glas Bier und dann saßen sie bis zum frühen Morgen zusammen – nachdem sie ihre Frauen angerufen hatten. Sie konnten sehr gut miteinander reden. Sie hatten das Gefühl, sich 'auf Anhieb zu verstehen'. Außerdem aßen und tranken beide sehr gern. Sie bezeichneten sich als 'sinnliche Genießer' und diese Gemeinsamkeit förderte offenbar die Freundschaft. Doch nach einiger Zeit merkte Peter, dass die Freundschaft auch ihre Grenzen hatte. Er berichtete mir: *„Ich verstand mich prima mit Friedrich. Ich fand es toll, dass ich mit einem Lehrer befreundet war. Der konnte immer so wunderbar erzählen, was er der Klasse im Unterricht vermittelte. Ich hätte den gern als Lehrer gehabt. Doch mit der Freundschaft war es nicht so leicht. Wenn ich ihn nicht anrief, meldete er sich fast nie. Er war freundlich und nett, aber trotz unserer Herzlichkeit blieb eine gewisse Distanz. Manchmal hörte ich 14 Tage nichts von ihm, bis ich selbst bei ihm anrief. Und dann störte es mich, wie er von seiner Frau sprach. Ich* *hatte immer das Gefühl, dass er seine eigenen Probleme nicht sieht. Überhaupt war er ein Mensch, der gern über andere schimpfte und das machte mit ihm durchaus Spaß. Er hatte einen guten, scharfen Blick für die Schwächen seiner Mitmenschen und ich bin ja auch kein Heiliger. Aber irgend etwas stimmte nicht in dieser Freundschaft.*" Nachdem mich Peter gefragt hatte, wie er die Beziehung verbessern könnte, wies ich ihn vorsichtig auf ein Problem hin. Er hatte Friedrich offenbar immer bewundert und konnte sich seine Schwächen nicht erklären. Die Schattenseiten seines Lebens kannte er wenig und ich gab ihm deshalb den 'Auftrag', Friedrich genauer kennenzulernen. Als er Friedrich daraufhin fragte, antwortete dieser recht freizügig:

er sei früher Alkoholiker gewesen und sei mit seinem Leben nicht zurechtgekommen; er sei sehr froh, dass er jetzt verheiratet sei und ein 'bürgerliches Leben' führe;

er sei allein mit seinem Vater aufgewachsen, der sehr distanziert war; seine verwöhnende Mutter sei gestorben, als er sechs Jahre alt gewesen sei; damals habe er einen Schock erlitten und noch heute ginge es ihm manchmal so schlecht, dass er sich zurückziehen müsse.

Nach diesen Gesprächen, in denen auch Peter mehr von sich erzählte, verbesserte sich die Freundschaft erheblich – obgleich sich Friedrich noch immer manchmal für einige Zeit nicht meldete. Und er schimpfte weiterhin viel über seine Kollegen. Doch das störte Peter nicht mehr so sehr. Er war froh, jetzt einen Freund zu haben, den er etwas besser verstand und auf den er sich trotz mancher Probleme verlassen konnte.

Beispiel 2: „Sie war so bestimmend."

Die 28-jährige Helga war Journalistin und hatte die zehn Jahre ältere Monika im Sportverein kennengelernt. Sie spielten dort in einer größeren Gruppe einmal in der Woche Tennis. Hinterher gingen sie immer essen. Als die Gruppe ein Jahr alt war, unternahm sie einen Ausflug ins Grüne. Bei dieser Gelegenheit kamen Helga und Monika näher ins Gespräch, und sie verabredeten sich zu einem gemeinsamen Essen. *„Wir verstanden uns prima"*, erzählte mir Helga. *„Endlich hatte ich jemanden, mit dem ich über meinen Mann reden konnte. Und mit ihr konnte ich auch weggehen. Mein Mann war furchtbar häuslich. Es gab nur ein Problem: Sie bestimmte gern, und es fiel mir nicht leicht, auch meine Vorschläge anzubringen. Außerdem redete sie gern über andere Freundinnen, und ich hatte immer den Verdacht, dass sie auch über mich redet."* Helga war mit dieser Freundschaft nicht so recht zufrieden. Sie empfand sie aber als verbesserungsfähig. Leider musste Monika in eine andere Stadt ziehen, weil ihr Mann dort eine neue Arbeit gefunden hatte. Helga telefonierte dann häufiger mit ihr und schickte ihr schließlich einen langen Brief, in dem sie Monika ihre Ansichten über ihre Freundschaft darlegte. *„Ich glaube, dass mir das leichter fiel, weil sie jetzt in einer anderen Stadt wohnt. Ich bin beim Briefeschreiben immer mutiger als im offenen Gespräch. Vielleicht sollte man sich in Freundschaften häufiger Briefe schreiben, wenn man Konflikte miteinander hat."* Diese Klärung hat die Beziehung so verbessert, dass sich beide Freundinnen heute gern besuchen und sogar beschlossen haben, miteinander zu verreisen.

Man wird von ihnen nicht satt

In den meisten Freundschaften besteht ein ungenutztes Entwicklungspotential. Fast alle Menschen machen den Fehler, dass sie sich zu sehr mit den Problemen ihrer Freundschaften abfinden. Sie sind deshalb erst dann in der Lage diese Probleme zu verändern, wenn sie einen gewissen Leidensdruck empfinden. Sie ärgern sich längere Zeit über die Freundschaften, sind unzufrieden und wollen dann die Probleme klären. Dieser Prozess der Unzufriedenheit wurde mir sehr deutlich, als eine 40-jährige Lehrerin in einem Kurs meinte, sie würde durch ihre Freunde nicht satt werden: *„Ja, ja, meine Freunde sind durchschnittlich. Sie sind nicht schlecht, aber auch nicht sehr gut. Sie sind so richtig schön durchschnittlich. Ich weiß immer nicht, ob ich mich damit abfinden soll. Ein Freund zieht sich oft zurück. Die andere Beziehung ist irgendwie lahm geworden. Vielleicht bin ich auch daran schuld. Meine Freundschaften sind so eingefahren. Kann man solche Freundschaften verbessern? Gibt es überhaupt andere Freundschaften? Meine Durchschnittsfreunde machen mich nicht satt. Ich habe Hunger auf richtige Freunde."*

Man wäre ein Narr...

Wir alle stehen im Leben in einem unaufhörlichen Konflikt. Sollen wir die nüchterne Wirklichkeit akzeptieren wie sie ist? Sollen wir uns gleichsam in dieser Alltagswelt wohnlich einrichten und uns damit zufriedengeben? Oder ist es besser, auch das Ideal einer guten Freundschaft anzustreben? Ich bin ganz entschieden der Meinung, dass man wirkliche Freundschaften anstreben sollte. Man darf Ideale nicht ungestraft aufgeben. Wer die Hoffnung auf wirklich gute Freundschaften verliert, gibt damit auch ein Stück Leben auf.

Wir leben heute in einem Zeitalter, in dem wir gegenüber Idealen eher eine gewisse Skepsis haben. Vielleicht ist dies auch auf Enttäuschungen zurückzuführen, die aufgrund unrealistischer Ideale entstanden. Vor allem in jungen Jahren besteht die Gefahr, dass wir zu viel von unseren Busenfreundschaften erwarten und dann enttäuscht sind. Jedenfalls neigen wir heutzutage oft zu einer zu großen Nüchternheit. Doch hinter dieser Nüchternheit ist bei den meisten Menschen eine tiefe Sehnsucht verborgen. Solche Sehnsucht kann eine starke Kraft sein. Sie kann uns helfen, dem Ideal einer wirklichen Freundschaft nachzustreben. Allerdings brauchen wir realistische Ideale. Solche die uns wirklich leiten. Die uns wie ein guter Wanderweg zu einem fernen Ziel führen können. Wer ernsthaft ein Ideal verwirklichen will, muss fest auf dem Boden der Wirklichkeit stehen. Er darf kein Traumtänzer sein. Er muss im besten Sinne des Wortes ein Realist sein. Er muss seine Mitmenschen realistisch sehen, wenn er nicht ständig von ihnen enttäuscht sein will. Man wäre ein Narr, würde man im Leben etwas erwarten, was die Mitmenschen nicht geben können. Auf dieser realistischen Basis sollte man versuchen, das Ideal einer echten Freundschaft zu verwirklichen. Es wäre falsch, die alltäglichen Durchschnittsfreundschaften zu den Freundschaften schlechthin zu erklären. Das wäre eine Kapitulation vor dem schnöden Alltag und es würde jenen Menschen nicht gerecht, die bemüht sind, wirkliche Freunde zu sein.

Die ideale Freundschaft

In den letzten Jahren habe ich mich oft gefragt, wie man das Ideal einer wirklichen Freundschaft erreichen kann. Ich sah bald, dass es sich hierbei um eine regelrechte Kunst handelt, die man in vielen Jahren erlernen muss. Um meine eigenen Freundschaften zu verbessern, suchte ich zunächst nach kleinen Schritten der Veränderung, die ich auch meinen Kursteilnehmern empfahl. Sie sollten ihnen helfen, die Schwierigkeiten ihrer Durchschnittsfreundschaften zu überwinden. Die zehn wichtigsten Empfehlungen habe ich in Form von '10 Freundschaftsgeboten' zusammengestellt:

1. Ziehen Sie Bilanz
Ich beobachte immer wieder, dass die meisten Freundschaften ziemlich routinemäßig verlaufen, nachdem man sich ken-

nengelernt hat. Um die Freundschaft zu verbessern, muss man zunächst die gegenwärtige Situation der Beziehung reflektieren und Bilanz ziehen. Was stört mich an ihnen, was ist gut? Welche Eigenschaften gefallen mir an dem Freund, welche nicht? Will ich wirklich die Beziehung verbessern? Welche Schwierigkeiten trage ich selbst in die Freundschaft hinein? Inwiefern müsste ich mich selbst ändern?

Diese Fragen sind oft nicht leicht zu beantworten und erfordern ein längeres Nachdenken. Oft ist es auch sinnvoll, dass man sich die Geschichte der Freundschaft in Erinnerung ruft, um die Gegenwart der Beziehung besser begreifen zu können. Nachdem man Bilanz gezogen hat, wird man etwas klarer sehen, ob die Freundschaft überhaupt entwicklungsfähig ist. Dazu müssen die Grundmauern der Beziehung intakt sein, d.h. ein gewisses Vertrauen und ein Interesse füreinander muss gegeben sein. Insofern ist es auch möglich, dass man während der Bilanzierung der Freundschaft zu dem Ergebnis kommt, dass man eigentlich gar keine Lust hat, sich stärker um den anderen zu bemühen.

2. Werben Sie um den Freund

Viele Menschen machen den gleichen Fehler wie in einer langjährigen Ehe: Sie werben zu wenig um ihren Freund. Die Beziehung wird zur Gewohnheit, da man nicht begreift, dass eine Freundschaft auch eine gewisse Beziehungsarbeit erfordert. Dazu gehört, dass man den Freund hin und wieder anruft und sich nicht immer beschwert, dass er sich so selten meldet. Oder man sollte ihm vorschlagen, dass man einen längeren Ausflug oder eine Reise mit ihm unternimmt. Und dazu gehören die vielen Kleinigkeiten, die die Freundin erfreuen können. Das sind die Lieblingsblumen, die man ihr mitbringt. Oder Sie haben in einem Antiquariat ein Buch gefunden, das er schon monatelang gesucht hat. Oder Sie haben gehört, dass irgendwo eine Wohnung frei wird und rufen schnell den Freund an... Es gibt tausend Gelegenheiten, um seine Freunde zu werben. Dazu gehört beispielsweise auch, dass wir dem Freund des Öfteren sagen, was uns an ihm gefällt. Mit solchen positiven Äußerungen sind wir meist viel zu sparsam. Aber wenn wir mit solchen Äußerungen zu geizig sind, wird der Freund wahrscheinlich auch auf jede kleine Kritik sehr empfindlich reagieren.

3. Räumen Sie Konfliktherde aus

In langjährigen Beziehungen hat es meist schon einige Konflikte gegeben. Bei diesen Konflikten geht es oft um Machtprobleme, erlebte Kränkungen oder eingefahrene Beziehungsmuster. Insofern ist es nicht leicht, eine Lösung solcher Schwierigkeiten zu erreichen. Wenn eine Klärung der Konflikte gelingen soll, ist es sehr wichtig, dass jeder den Standpunkt des anderen verstehen lernt. Dann ist es möglich, jene Verkrampfung aufzuheben, die durch gemeinsame Kränkungen entstanden ist. Das war auch die Erfahrung einer 36-jährigen Lehrerin, die seit vielen Jahren mit einer Kollegin befreundet ist. Anfänglich war diese Freundschaft sehr herzlich. Sie besuchten sich und stellten fest, dass sich ihre Kinder sehr gut miteinander verstanden. Doch dann gab es mehrere Konflikte. Elviras kleiner Junge haute der Tochter ihrer Freundin mit einem Spielzeug so auf die Nase, dass sie blutete. Es gab einen Streit über Erziehungsziele, der ergebnislos verlief. Und nach einem Jahr gerieten sie dann auch einmal im Kollegium aneinander, weil sie über einen Schüler unterschiedlicher Ansicht waren. Zwar waren sie beide noch immer befreundet und sie trafen sich sogar jeden zweiten Dienstag im Monat, um spazieren zu gehen. Doch die frühere Herzlichkeit war nicht mehr vorhanden. Elvira hatte schließlich den Mut, über diese früheren Konflikte zu sprechen: *„Ich hatte lange darüber nachgedacht und redete vor allem darüber, wie ich mich damals gefühlt hatte. Und meine Freundin tat das auch. Sie redete über sich und ihre Kindheit, um mir ihre Handlungsweise zu verdeutlichen. Es war interessant. Vielleicht änderte* *niemand von uns seine Meinung, doch wir verstanden einander besser. Ich hatte das Gefühl, als wäre eine Wand weggeräumt. Erst jetzt merkte ich, wie sehr uns der Konflikt entfremdet hatte.“*

4. Bieten Sie dem Freund Ihre Hilfe an

Eine gute Freundschaft muss sich im Alltag bewähren. Es ist auch ein Freundschaftsbeweis, wenn ich für einige Stunden die Kinder meiner Freundin hüte, weil sie zum Arzt gehen muss. Oder wenn ich meinem besten Freund beim Anfertigen seiner Diplomarbeit helfe. Manchmal kann die Hilfe auch darin bestehen, dass ich dem Freund zuhöre und versuche, ihn zu verstehen. Es gibt sehr unterschiedliche Möglichkeiten, dem Freund zu helfen. Doch immer ist diese Hilfeleistung von dem Wunsch geprägt, dass es dem Freund gut geht. Sehr eindrücklich sagte mir das kürzlich die 40-jährige Ärztin Carla: *„In einer Freundschaft will man den anderen fördern. Man will, dass es in seinem Leben vorangeht. Wenn ich merke, dass es meiner Freundin nicht gut geht und ich habe etwas Humorvolles gelesen, dann rufe ich sie an. Und ich nehme mir die Zeit ihr zuzuhören und mit ihr über die Berufsperspektiven zu sprechen. Wenn ihr dann was gelingt, freue ich mich so sehr, als ob ich das selbst erlebt hätte.“*

5. Lassen Sie sich helfen

Ich bin immer wieder erstaunt, wie erfreut meine Freunde sind, wenn sie mir helfen können. Offenbar hat ihre Hilfeleistung einen doppelten Nutzen. Zum einen ist ihre Hilfe sehr wichtig für mich, da ich auf ihre Unterstützung angewiesen bin. Zum anderen stabilisiert ihre Hilfeleistung aber auch unsere Freundschaft. Man muss immer beachten, dass das 'Geben und Nehmen' in einer Freundschaft nicht zu einseitig ist. Für alle aktiven Menschen gilt daher: Nutzen Sie bewusst die Gelegenheiten, sich helfen zu lassen. Das ist wichtig für Sie und für die Gleichberechtigung in der Freundschaft.

6. Überlegen Sie, worüber Sie mit dem Freund reden können.
Ein großes Problem vieler Freundschaften besteht darin, dass
man immer nur über die Themen redet, die sich unmittelbar
aufdrängen. Man spricht also mit der Freundin über die Sorgen mit dem Ehemann, über die Kinder, die Verwandtschaft
und Krankheiten. Eine Hausfrau sagte mir einmal ironisch,
das seien die KKK-Themen (Küche, Kinder, Krampfadern).
Natürlich ist es wichtig, über solche Themen zu sprechen,
aber eine Beziehung verflacht, wenn man nicht hin und wieder über andere Dinge redet. Wenn ich interessante Bücher
lese, habe ich deshalb die Angewohnheit, mich mit meinen
guten Freunden darüber zu unterhalten. Oder es bewegen
mich wichtige Fragen, die ich mit meinen Freunden disku-
tiere. In den letzten Jahren habe ich alle Themen, über die ich
ein Buch geschrieben habe, ausführlich mit meinen Freunden
besprochen. Das hat mir geholfen, und es hat auch die
Freundschaften belebt.

Oft ist es sinnvoll, mit seinen Freunden etwas zu unternehmen, damit man wieder neuen Gesprächsstoff gewinnt.
Ein gemeinsamer Kino- oder Theaterbesuch, die Teilnahme
an einem Vortrag oder die Besichtigung eines alten Schlosses
kann der Freundschaft neuen Gesprächsstoff verleihen. Man
muss hin und wieder eine Freundschaft auch mit neuen Erlebnissen und geistigen Inhalten 'füttern', damit sie lebendig
bleibt.

7. Denken Sie hin und wieder über den Freund nach
In meinem Beruf als Psychotherapeut habe ich die Angewohnheit, immer wieder über die ratsuchenden Patienten
nachzudenken. Manchmal gehe ich dann spazieren und versuche mir ein Bild vom Leben des Patienten zu machen. Wenn
meine Phantasien stellenweise sehr blass bleiben, weiß ich,
dass ich in der nächsten Sitzung genauer nachfragen muss.
Ich pflege in dieser Weise manchmal auch über meine
Freunde nachzudenken. Ich nehme mir die Zeit, bei einer

Tasse Tee über meine Freunde nachzusinnen. Wenn wir uns treffen oder uns telefonisch unterhalten, kann ich vieles nicht sofort erfassen. Manchmal begreife ich erst später, wie mein Freund etwas gemeint hat. Oder ich achte auf seine Andeutung, dass er in den letzten Monaten immer schlecht geschlafen habe. Meist greife ich dann zum Telefonhörer...

8. Kennen Sie ihn wirklich?

Ich bin immer wieder erstaunt, wie wenig viele Menschen ihre Freunde kennen. Sie wissen dies und das von ihrem gegenwärtigen Leben und auch manches aus ihrer Kindheit, aber das ist alles sehr bruchstückhaft. Vor allem peinliche Erinnerungen aus dem Elternhaus und der Schulzeit bleiben oft ausgespart. Und von den Schwierigkeiten in der Ehe erzählt man schon gar nichts. Deshalb können sie ihre Freunde häufig nicht verstehen. Mir ging das früher nicht anders. Doch in meiner therapeutischen Tätigkeit habe ich gelernt, das Lebensschicksal eines Menschen genauer zu erforschen. Und so habe ich begonnen, auch meine Freunde intensiver zu befragen. Ich bin der Meinung, dass eine wirkliche Freundschaft damit beginnt, dass man den anderen tatsächlich kennenlernt. Wäre es nicht eine gute Idee, wenn Sie die Freunde bitten, dass Sie sich gemeinsam die alten Fotoalben anschauen? Oder fahren Sie doch einmal mit Freunden an die Stätten der Kindheit. Immer werden Sie viele Geschichten hören, weil Erinnerungen aufsteigen und Sie werden die Freunde besser verstehen. Sie können natürlich die Freunde auch fragen, worauf diese selbst im Leben stolz sind. Was sie im Leben noch vorhaben, was ihnen wichtig ist. Oft sind es die interessierten Fragen, die eine Freundschaft vertiefen.

9. Bringen Sie sich voll in die Freundschaft ein.

Wenn Sie bisher alle anderen Punkte erfolgreich beherzigt haben, sollten Sie sich überlegen, ob Sie nicht selbst eine vollständige Offenheit gegenüber Ihrem Freund oder der Freundin wagen können. Ist es denn wirklich nur die Angst vor der Reaktion des Freundes, dass man ihm bestimmte Dinge nicht erzählt? Allzu oft sind es auch die eigenen Hemmungen, dass man ihm nicht von peinlichen Kindheitserlebnissen, den gelegentlichen Eifersuchtsgefühlen, den Geldsorgen und den sexuellen Schwierigkeiten berichtet.

10. Denken Sie darin, dass Sie mehrere Freundschaften haben müssen, damit Sie die Freunde nicht überfordern. Und suchen Sie sich einige neue Freunde, wenn Sie den Eindruck haben, dass die bisherigen Freundschaften nicht verbesserungsfähig sind.

Bei diesen Anregungen handelt es sich nicht um schnell zu verwirklichende Tipps. Zunächst einmal erfordern sie sehr viel Aktivität. Viele Menschen machen den Fehler, dass sie in Freundschaften zu passiv sind und dann zu viel von ihrem Freund oder der Freundin erwarten. Sie müssen also das eigene Phlegma überwinden, um die Freundschaft aktiv zu gestalten. Vielleicht ist dieses Phlegma eines der Hauptprobleme in Freundschaften. Ein 30-jähriger Student sagte mir vor einigen Monaten: *„Ich weiß schon, was ich machen müsste, um meine Freundschaften zu verbessern. Es ist einfach so, dass ich meine Freundschaften vernachlässige. Ich rufe zu wenig an, ich gestalte die Beziehungen zu wenig. Seit langer Zeit will ich meine Freunde zum Essen einladen und schiebe es immer wieder hinaus. Vielleicht habe ich auch Angst, dass meine Freundschaften zu eng werden könnten. Schließlich hatte ich eine sehr bedrängende Mutter und einen sehr distanzierten Vater. Doch meist fühle ich mich wohl, wenn ich mich dazu aufraffe, meine Freunde einzuladen. Irgendwie bin ich zu passiv. Ich glaube, dass die Passivität eines der größten Hindernisse für eine gute Freundschaft ist.“*

Eine gute Freundschaft ist kein Geschenk des Himmels, sondern eine ständige Aufgabe. Und dazu gehört auch, dass Sie sich Zeit für die Freundschaft nehmen müssen. Doch die

Kunst der Freundschaft erfordert noch etwas anderes: Man muss beginnen, auch über sich und seine eigene Rolle in den Freundschaften nachzudenken. Dann könnte sich ein sehr anregendes Selbstgespräch entwickeln. Solche Selbstgespräche sind oft sehr interessant, und ich bat daher einen Patienten, seine Gedanken aufzuzeichnen. Der 35-jährige Techniker Uwe schrieb mir: *„Meine wichtigste Freundschaft ist schon herzlich, aber es gibt längere Pausen. Irgendwie ist sie zu distanziert. Liegt das vielleicht auch an mir? Kann ich keine Nähe ertragen? Und warum haben wir nie über den Konflikt gesprochen, den wir vor Jahren hatten. Das liegt sicher auch an ihm, denn er ist sehr empfindlich. Doch vielleicht liegt es auch an mir, denn ich habe Angst vor Konflikten. Vielleicht sollte ich mit ihm doch darüber reden, warum wir uns damals so gestritten haben. Und dann gibt es noch etwas: meist rufe ich ihn an. Das ist in fast allen Freundschaften so. Meist bin ich der aktive. Das kann nicht nur an den Freunden liegen, sondern auch an mir. Vielleicht habe ich gern die Kontrolle in den Freundschaften. Daran liegt es vielleicht auch, dass ich so wenig über mich erzähle. Dadurch gebe ich meinen Freunden zu wenig Gelegenheit, mir zu helfen. Das müsste ich ändern."*

Wer über seine Freunde nachdenkt, erfährt auch sehr viel über sich selbst. Wer seine Freundschaften verändern will, muss sich auch selbst ändern. Insofern münden diese zehn Freundschaftsgebote letztlich in einen Prozess der eigenen Persönlichkeitsveränderung ein.

Die große Schule der Freundschaft

Die bisherigen Empfehlungen würde ich als kleine Schule der Freundschaft bezeichnen. Wer sie beherzigt, wird seine Durchschnittsfreundschaften wesentlich verbessern können. Doch es ist wohl bereits deutlich geworden, dass man sich letztlich auf einen längerfristigen Prozess der Persönlichkeits-veränderung einlassen muss, wenn man tatsächlich gute Freundschaften anstrebt. Dabei kann eine Psychotherapie oft eine wichtige Hilfe sein, um die eigenen Ängste und Charakterprobleme zu überwinden.

Doch was ist das Ziel einer solchen Persönlichkeitsveränderung, und inwieweit sind wir dann in der Lage, bessere Freundschaften zu haben? Um diese Frage zu beantworten, könnten wir das Konzept einer idealen Freundschaft entwerfen und daran verdeutlichen, inwieweit wir unseren Charakter ändern müssen. Allerdings helfen solche abstrakten Überlegungen im praktischen Alltag nicht allzu sehr. Deshalb schlage ich zunächst einen anderen Weg ein und frage mich, was uns eigentlich an den 'Durchschnittsfreundschaften' stört. Das Problem dieser Beziehungen besteht wohl darin, dass man sich nicht richtig nahe kommt. Zwar entwickelt sich durchaus eine gewisse Vertrautheit, und man kann auch über einiges reden. Doch vieles bleibt ausgespart. Um das mit einem Gleichnis zu verdeutlichen: Solche Durchschnitts-freundschaften gleichen zwei Menschen, die sich zur Begrüßung nur die kleinen Finger geben. Ein fester Händedruck kommt nicht zustande. Insofern kann man einer Durch-schnittsfreundschaft das Prädikat 'Beziehung' nur teilweise verleihen. Zu oft sind solche Freundschaften nur flüchtige Berührungen, die uns eben in der Tiefe unserer Herzen nicht erreichen.

Das reiche Innenleben

Echte, tiefe Freundschaften sind wohl nur mit solchen Menschen möglich, die über eine ausgeprägte Beziehungsfähigkeit verfügen. Sie haben eine intensive Beziehung zu sich selbst, zu einzelnen Menschen und meist auch zu den bedeutenden Vorgängen in dieser Welt. Diese Menschen haben Freundschaft mit sich selbst geschlossen und waren in der Lage, ihre heftigen Minderwertigkeitsgefühle zu überwinden. Sie denken nicht mehr nur immer an sich, an ihre Geltungs- und Machtziele. Indem sie nicht mehr ständig um sich selbst kreisen, sind sie besser in der Lage, ihre Mitmenschen zu begreifen. Solche Menschen haben es geschafft, ihren kleinen privaten Horizont zu erweitern, und leben dadurch sehr intensiv. Sie haben durch ihre vielfältigen Interessen ein reiches Innenleben und damit den Schlüssel zum glücklichen Leben gefunden. Dabei sind es oft die kleinen Dinge, die der intensiv lebende Mensch zu würdigen weiß. Sie berühren ihn und geben ihm seelisch-geistige Nahrung, während andere Menschen an solchen Ereignissen achtlos vorübergehen. Dadurch gleicht das Innenleben solcher Menschen einem blühenden Garten oder einer sehr fruchtbaren Landschaft. Was wir sagen und empfinden, fällt bei ihnen nicht auf fruchtlosen Boden, um zu verdorren. Vielmehr sind solche Menschen zu einer lebendigen Begegnung fähig, die noch lange Zeit in uns nachwirkt. Hier erleben wir endlich Menschen, die uns wirklich ihre ganze Hand und ihre volle Aufmerksamkeit geben, während uns die Durchschnittsfreunde immer nur den kleinen Finger in Form ihrer sparsamen Zuwendung reichen.

Wer dem Ideal einer echten Freundschaft nachstrebt, hat einen langen Weg vor sich. Es kommt ja nicht nur darauf an, einen Menschen zu finden, mit dem eine solche Freundschaft möglich ist. Auch man selbst muss sich auf den interessanten, schwierigen und langwierigen Weg der Persönlichkeitsentwicklung begeben. Es leuchtet ein, dass solche Charakterentwicklung nicht einfach ist und viel Zeit erfordert.

„Um Gottes willen. Das ist ja ein lebenslängliches Ziel. Da muss man ja 150 Jahre alt werden. Freundschaftsfähig ist man wohl erst, wenn man alt und grau ist und sich mit seinen Freunden bei den Beerdigungen trifft. Oder gibt es tatsächlich Menschen, die freundschaftsfähig sind?" – rief erhitzt einer meiner Gruppenteilnehmer aus, nachdem er den Ent-

wurf zu diesem Buch gelesen hatte. Ich konnte seine Frage verstehen, da auch ich lange nach Vorbildern für meine eigene Freundschaftsentwicklung gesucht habe. Ich war deshalb regelrecht beglückt, als ich die Autobiographie des Schriftstellers Carl Zuckmayer las, in der er seine Freundschaften zum Angelpunkt seines Lebens erklärt.

Der Freundschaftskünstler Carl Zuckmayer

Der Zusammenhalt mit guten Freunden war sein vorherrschender Charakterzug. Schon in seiner Jugend gehörte der 1896 in Rheinhessen geborene Zuckmayer einem Freundeskreis an, in dem man gemeinsam geistigen Idealen nachstrebte. Und als er als junger Schriftsteller in Berlin lebte, schossen seine Freundschaften regelrecht 'ins Kraut'. In Berlin wurde er auch 1925 durch die Uraufführung seines Theaterstücks 'Der fröhliche Weinberg' berühmt. Endlich hatte er genug Geld und konnte sich ein Haus in Österreich kaufen, das zum Mittelpunkt eines großen Freundeskreises wurde. Dazu gehörten Schriftsteller wie Stefan Zweig, Franz Werfel und Gerhard Hauptmann ebenso wie der Gastwirt des Dorfes. Zuckmayer war ein sehr aufgeschlossener Mensch, der keine sozialen Grenzen kannte. Er war deshalb auch mit seiner Köchin Anna Buchendorfer befreundet. Sie half ihm, als er sich nach dem Anschluss Österreichs an Nazideutschland in die Schweiz retten musste. Schließlich entschloss er sich zur Emigration in die USA, wo er das Wagnis auf sich nahm, den Unterhalt für sich und die Familie als Pächter einer Farm zu verdienen. Viele seiner Freunde schüttelten den Kopf. Doch sie besuchten ihn, obwohl die Farm nur sehr schwer zu erreichen war. Manchmal war das Haus voller Gäste. Leidenschaftlich wurde diskutiert, und die Freunde halfen ihm, wenn geschlachtet wurde, die Würste hergestellt und Hühner gerupft werden mussten. Doch Zuckmayer ging auch neue Freundschaften mit seinen Nach-

barn ein. Diese Freundschaften mit den Handwerkern, Holz-
fällern und Farmern waren für ihn wie ein „Herdfeuer", über
dem man sich in einer Herbstnacht die Hände wärmt. Zwar
hatten diese Freundschaften nicht das geistige Band und waren
durch eine gewisse Distanz gekennzeichnet, da man sich kaum
über persönliche Dinge unterhielt. Doch die Sachlichkeit jener
Beziehungen wirkte sich sehr positiv aus, denn sie war eine
Gewähr für die Haltbarkeit und Zuverlässigkeit dieser
Freundschaften.

Als Zuckmayer 1946 nach Deutschland zurückkam,
waren wichtige Freunde nicht mehr am Leben. Umso intensiver war sein Wiedersehen mit jenen Freunden, die den Krieg
überlebt hatten. Und er begann neue Freundschaften, zu
denen so interessante und vielseitige Persönlichkeiten wie der
Altbundespräsident Theodor Heuss gehörten. In dieser Zeit
widmete sich Zuckmayer sehr intensiv der orientierungslosen
Jugend. In vielen öffentlichen Diskussionen und Gesprächen
wollte er zum Aufbau eines demokratischen Deutschlands
beitragen. Der Menschenfreund Zuckmayer sah es als seine
Aufgabe an, den enttäuschten jungen Menschen eine Hoffnung zu vermitteln. Einige Wochen vor seinem Tode charak-
terisierte ihn seine Frau in einer Rede: „*Er hat eine wirkliche
Menschenliebe, die ohne jede Sentimentalität ist und die ohne
irgendwelche Wohltätigkeit ist, dies ist ihm so fern. Aber er
gibt den Leuten Hoffnung und gibt irgendwie etwas, das aus-
gestorben ist.*"[37]

Die Aufgeschlossenheit der Herzen

Das Geheimnis der Freundschaftskunst Zuckmayers liegt in
seiner lebendigen, weltzugewandten Persönlichkeit begründet. Zuckmayer war ein Mensch, der in seiner Kindheit –
trotz mancher Schwierigkeiten – ein großes Urvertrauen gewinnen konnte. Da seine Eltern eine sehr gute Ehe führten,

fühlte er sich oft unbeschwert. So wuchs er zu einem lebendigen, phantasiebegabten Kind heran. Frühzeitig begann er zu schreiben, denn er ahnte, dass „die einzige dauerhafte Form irdischer Glückseligkeit" in der eigenen Produktivität liegt. Und er strebte danach, die Welt, die Menschen wirklich zu erfassen und schrieb einmal, die wichtigste Voraussetzung für die Freundschaft sei: *„die Aufgeschlossenheit, das Weit-Offen-Sein der Herzen, auch für die flüchtige, vorübergehende, unscheinbare Zufälligkeit der Begegnung, und die Bereitschaft, davon gerührt ... zu werden."*[38]

Alkohol in Freundschaften

Zuckmayer ist für mich ein Freundschaftskünstler und auf dem Gebiet der menschlichen Beziehungen ein großes Vorbild. Dabei habe ich nicht den Anspruch, dass er in allen Dingen für mich richtungsweisend ist. Es gibt einen Punkt in seinem Leben, der mich nachdenklich stimmt. Zuckmayer war ein sehr lebendiger, lebenslustiger Mensch, der mitunter gern mit seinen Freunden raufte und auch ziemlich trinkfest war. Als ich seine Lebenserinnerungen las, fragte ich mich, warum in vielen Freundschaften der Alkohol eine so enorme Rolle spielt. Sind wir so gehemmt, dass wir nur unter dem Einfluss von Wein und Bier in Stimmung kommen? Ich glaube, dass man auch nüchtern Freundschaften schließen kann. In meinem Freundeskreis wird relativ wenig Alkohol getrunken und ich würde auf jeden Freund nachhaltig Einfluss nehmen, wenn ich die typischen Anzeichen des Alkoholismus an ihm bemerken würde. Insofern würde ich mich anders verhalten als Zuckmayer, der es 'tolerierte', dass sein Schriftstellerfreund Egon Friedell 'soff'. Ohne Rücksicht auf seine angegriffene Gesundheit schüttete Friedell unwahrscheinliche Mengen Alkohol in sich hinein. Hatte Zuckmayer recht, wenn er meinte, das Trinken ging nur seinen Freund etwas an?

Theodor Heuss: Er ist ein Beispiel für uns

Trotz dieser nachdenklichen Anmerkungen ist für mich Zuckmayer ein großes Vorbild. Ich halte es für beispielhaft, welch große Bedeutung er seinen Freundschaften beigemessen hat. Wie er immer wieder neue Freundschaften aufbaute und nicht resignierte, wenn er aufgrund der politischen Wirren von ihnen getrennt wurde. Es sprach mich an, mit welch unterschiedlichen Menschen Zuckmayer Freundschaft schloss. Und es gefiel mir, wie wenig eitel er in seinen Freundschaften war. In Amerika wussten seine Farmerfreunde nicht, dass er in Europa ein sehr berühmter Schriftsteller war. Er empfand es als Auszeichnung, dass sie ihm die Mitgliedschaft in ihrem Verein anboten.

Zuckmayer war ein Freundschaftskünstler, dem diese Kunst nicht geschenkt wurde. Er hatte ein glückliches Elternhaus, aber die Prüfungen in seinem späteren Leben als Emigrant waren hart. Umso bemerkenswerter ist es, dass Zuckmayer den Glauben an die 'Kraft der Freundschaft' nie verlor.

> Ich bin mir selbst der beste Freund.
> *Volksmund*

Sich selbst der beste Freund sein

Denken auch Sie beim Thema Freundschaft unwillkürlich immer nur an eine Beziehung mit einem anderen Menschen? Das ist zwar naheliegend, doch Sie dürfen nicht vergessen, dass die Freundschaft mit sich selbst oft viel wichtiger ist. Einer meiner Freunde drückte das einmal sehr treffend so aus: *„Mit Dir bin ich nur stundenweise zusammen. Doch mit mir muss ich von morgens bis abends auskommen und in schlechten Zeiten muss ich mich ständig ertragen. Vor mir selbst kann ich nicht davonlaufen.“* Es ist daher wichtig, bei der Entfaltung der Freundschaftsfähigkeit bei sich selbst zu beginnen. Wir werden erst beziehungsfähig und offen für andere, wenn wir zu uns selbst gefunden haben. So heißt es auch in Dantes Gastmahl: „Niemand ist uns ein näherer Freund, als wir uns selber sind.“ Das ist einleuchtend. Doch wie kann man selbst sein bester Freund werden? Von einem Freund erwarten wir, dass er uns versteht. Er soll uns mit einer Grundstimmung des Wohlwollens begegnen. Man könnte auch sagen, dass er uns freundlich behandeln soll, wenn dieser Begriff nicht so abgedroschen wäre. Und dieses wohlwollende Verhalten sollten wir im Umgang mit uns selbst pflegen. Das bedeutet zunächst, dass wir unsere ständige Selbstkritik überwinden. Die Psychoanalytikerin Karen Horney hat darauf hingewiesen, dass die Unzufriedenheit in unserem Leben eine riesige Rolle spielt. Wir alle leiden unter der großen Diskrepanz zwischen dem, was wir gerne wären und dem, was wir tatsächlich sind. Unsere maßlosen Perfektionsansprüche führen zu einer permanenten Unzufriedenheit. Oft sehen wir nur noch unsere negativen Seiten. Sol-

chen Umgang mit sich selbst könnte man auch als Selbstbe-
schimpfung bezeichnen. Karen Horney führt dies auf eine
'Tyrannei des Sollens' zurück. Sie meint damit, dass wir alle
ein Bild davon haben, wie wir leben sollten. Und je unglück-
licher wir sind, desto fester und wirklichkeitsfremder sind
unsere Vorstellungen von uns selbst. Sie nehmen schließlich
den Charakter von starren Geboten an. So nimmt sich jemand z.B. vor: „... *ein Vorbild an Ehrlichkeit, Großzügig-
keit, Rücksichtnahme, Gerechtigkeit, Würde, Mut und
Selbstlosigkeit sein. Er sollte der vollkommene Liebhaber,
Ehemann und Lehrer sein. Er sollte in der Lage sein, alles zu
ertragen, sollte jeden gern haben, sollte seine Eltern lieben,
seine Frau und sein Vaterland; oder er sollte sich an niemanden und nichts klammern, nichts sollte ihn berühren, er
sollte sich nie verletzt fühlen, und er sollte immer heiter und
gelassen sein.*"[39] Diese Normen sind nicht zu erfüllen, weil
sie kein menschliches Wesen erreichen kann. Das ist jedem
auch bei 'klarem Verstand' bewusst. Dennoch quälen sich
viele mit solchen tyrannischen Forderungen. Und sie ärgern
und schämen sich für ihre Fehler und Unzulänglichkeiten.
Damit kündigen sie sich quasi selbst die Freundschaft auf.
Denn zur Freundschaft gehört es, einen Menschen auch mit
seinen Fehlern zu akzeptieren.

Der innere Funkverkehr

Vielleicht werden einige Leser Mühe damit haben, die man-
gelnde Freundschaft gegenüber sich selbst zu erkennen. Ihnen
ist die Selbstkritik im Laufe vieler Jahre so in Fleisch und Blut
übergegangen, dass sie nur noch das Unbehagen spüren,
wenn sie vermeintlich einen Fehler gemacht haben. Sie müssten ihre inneren Kommentare erkennen lernen. Sie müssten
gleichsam den inneren Funkverkehr entschlüsseln. Dann würden sie vielleicht folgenden Dialog hören:

„Wie kann man bloß so schüchtern sein. Jetzt habe ich mich völlig blamiert, als ich bei der Einladung gestottert habe. Jeder hat es gemerkt. Du bist eine Flasche." Oder sie hören: „Du machst nichts aus Deinem Leben. Du schaffst es nicht abzunehmen, weil Du willensschwach bist. Kein Wunder, dass Du keinen Partner findest. So wie Du aussiehst." Es kann aber auch sein, dass ihre innere Stimme sagt: „Im Gespräch mit dem Chef hast Du wieder einmal nichts zu antworten gewusst, als er etwas über Goethe und Weimar erzählte. Du bist eben dumm. Das warst Du schon in der Schule und das wird so bleiben."

Diese Beispiele zeigen, dass sich die typischen Selbstwertzweifel auf drei Bereiche beziehen: das Auftreten in der Öffentlichkeit, das Aussehen und die Intelligenz. Das gemeinsame dieser drei Bereiche ist die Angst, dass uns andere Menschen schlecht beurteilen könnten. Natürlich kann das gelegentlich tatsächlich passieren. Deshalb ist ein 'innerer Freund' so bedeutend, der wirklich zu uns hält. Er muss uns wichtiger werden, als die Meinung der Mitmenschen, auf die wir oft keinen Einfluss haben.

„Ist der innere Freund so etwas wie der 'kleine Mann im Ohr'?", fragte mich kürzlich etwas ironisch ein Bekannter, nachdem ich ihm meine Gedanken anvertraut hatte. Ich fand diesen Vergleich gar nicht so dumm. Ein guter innerer Freund spricht verständnisvoll mit uns. Manchmal hat er sogar etwas Mitleid mit uns. Diese innere Stimme ist wie der ermutigende Zuspruch eines Freundes, der an unsere Fähigkeiten glaubt und nicht erschüttert ist, wenn uns einmal etwas nicht gelingt. Dadurch werden wir so zuversichtlich und selbstbewusst, dass wir uns die Überwindung unserer Schwierigkeiten zutrauen. Ich möchte das an einem kleinen Problem verdeutlichen, unter dem viele leiden: dem Erröten. Auch mir war in der Jugend dies Problem nicht unbekannt und ich kann deshalb jene Menschen gut verstehen, die Angst vor dem Erröten haben. Ihnen flüstert eine innere

Stimme zu: 'wenn Du rot wirst, ist alles aus, dann bist Du blamiert'. Sie sind daraufhin natürlich angespannt und erröten bei der kleinsten Gelegenheit. In der Psychotherapie versuche ich darauf hinzuwirken, dass sie sich für dieses Erröten nicht mehr kritisieren. Das ist erfahrungsgemäß nur möglich, wenn ihr Selbstbewusstsein umfassend gestärkt wird. Dazu müssen sie auch die in der Kindheit liegenden Verletzungen des Selbstbewusstseins aufarbeiten. Das Ziel dieser vielen Gespräche ist es schließlich, dass ihnen beispielsweise ihre innere Stimme wohlwollend und humorvoll sagt: „Es ist doch nicht entscheidend, ob ich rot werde. Lieber rot als tot. Da sitzt eine junge, hübsche Frau, mit der ich gern tanzen würde. Ob sie wohl merkt, dass ich ein netter Kerl bin?"

Der Umgang mit dem Körper

Zur Freundschaft mit sich selbst gehört auch der vernünftige Umgang mit den eigenen Kräften. Vor allem viele Männer überfordern sich ständig und leben wie eine Schnellzuglokomotive. Pausen können sie nur machen, wenn sie krank sind. Sie behandeln sich wie einen Sklaven. Eine Freundschaft kann man diesen Kräfteverschleiß wahrlich nicht nennen.

Viele Menschen begreifen erst in ihrer Lebensmitte, dass sie ihren Körper pflegen müssen. Dann stellen sich im Allgemeinen die ersten Verschleißerscheinungen und Schmerzen ein, und man muss beginnen, den Körper ernst zu nehmen. Bis dahin behandeln viele ihren Körper wie eine Maschine, die zu funktionieren hat. Ein älterer Manager bekannte mir gegenüber einmal, auch sein Wahlspruch sei früher gewesen: *„Sei hart wie Kruppstahl, schnell wie ein Windhund, zäh wie Leder... Irgendwie wirkt diese Ideologie noch heute in mir nach. Ich kann mich nie schonen. Obwohl ich das müsste, denn mein Körper hält den beruflichen Stress nicht gut aus.*

Ich leide bereits jetzt unter Kreislaufbeschwerden. Und meine Frau sagt auch immer, ich würde bald einen Herzinfarkt bekommen."

Während dieser Manager zu wenig auf seinen Körper hört, lauschen andere ständig in ihn hinein. Jede Veränderung des Körpers macht ihnen Angst. Sie haben den Eindruck, von vielen rätselhaften Krankheiten geplagt zu werden, gegen die sie nicht ankommen können. Oft suchen sie einen Arzt nach dem anderen auf, bis sie dann zu einem Psychotherapeuten kommen. So war es auch bei dem 45-jährigen Handwerker Olaf, der sich vor kurzem selbständig gemacht hatte. Er berichtete mir von rätselhaften Herzbeschwerden und gelegentlichem Ohrensausen: *„Nachts liege ich immer wach und merke, dass mein Herz nicht ganz regelmäßig schlägt. Es macht poch... poch... poch... poch und plötzlich geht es poch.poch.....poch.poch. Es ist fast, als würde das Herz stolpern. Ich bin dann schweißgebadet und habe auch so ein merkwürdiges Summen im Ohr. Mittlerweile weiß ich, dass ich organisch nichts habe. Es ist wohl einfach mein Stress. Wahrscheinlich dürfte ich nicht so sehr auf mein Herz achten und müsste einmal richtig Urlaub machen."*

Es ist offenbar falsch, jede Körpermitteilung als eine dramatische Staatsbotschaft zu bewerten. Doch es ist ebenso problematisch, nicht auf seinen Körper zu hören. Eine solche ‚Schwerhörigkeit' kann man mit dem Leben bezahlen, weil man die Warnzeichen ignoriert, die auf eine schwere Erkrankung hinweisen. Anzustreben ist daher ein vernünftiges, freundschaftliches Verhältnis zum Körper, das man sich als ein gleichberechtigtes Gespräch vorstellen kann. Tatsächlich kann man ein vernünftiges Verhältnis zum Körper als ein ruhiges Gespräch bezeichnen. Dabei ist es keinesfalls so, dass nur ich immer rede und dem Körper sage, was er tun und lassen sollte. Der Körper ist ein kluger und ehrlicher Gesprächspartner, der mir sehr viel über mich und meinen Lebenswandel sagen kann. Leider ist seine Sprache nicht ganz einfach zu verstehen. Zwar sind die Müdigkeit, Kopfschmerzen, Schlafstörungen, Verdauungsbeschwerden ebenso wie das körperliche Wohlbefinden interessante Botschaften, aber ich muss sie übersetzen. So können mir die Kopfschmerzen sagen 'Zerbrich Dir nicht immer den Kopf, arbeite nicht so viel'. Und die Schlafstörungen: 'Du darfst dich nicht so viel ärgern!'

Die Krankheit als Freundesdienst?

Am schwierigsten ist es natürlich, den Körper als Freund zu betrachten, wenn er seinen Dienst zu verweigern scheint. Viele stellen mit etwa 40–45 Jahren zum ersten Mal fest, dass ihr Körper teilweise seinen Dienst versagt. Bisher war es immer so, dass man vorübergehende Krankheiten hatte, die man mehr oder weniger schnell auskurieren konnte. Krankheiten waren gleichsam ein Betriebsunfall. Doch nun wird die Krankheit häufig ein Dauerzustand, mit dem man leben muss. Da könnte man sich natürlich maßlos ärgern, wenn solche Krankheiten den Lebensplan einschneidend ändern. Aber sie sind manchmal auch ein Freundesdienst. Sie können uns beispielsweise mahnen, in Zukunft ruhiger zu leben. Als ich mit etwa 35 Jahren eine Rückenerkrankung bekam, fluchte auch ich zunächst. Ich musste einerseits viel Sport treiben, aber auch lernen, mich nicht zu überfordern. Ich hatte mich früher nie geschont und begann nun ruhiger zu leben. Es könnte sein, dass ich dadurch wesentlich älter werde. Es klingt paradox: Durch eine Krankheit wird sich vielleicht mein Leben erheblich verlängern. Und durch meine regelmäßigen Ruhepausen komme ich mehr zum Lesen als früher. Auch dieses Buch verdanke ich in gewisser Weise meinem Rücken. Insofern kann ich Nietzsche zustimmen, dass uns eine Krankheit helfen kann, zu uns selbst zu kommen. Nietzsche, der selbst häufig krank war, schreibt unter dem

Stichwort 'Wert der Krankheit', im Bett liegend würde man oft die Einsicht gewinnen, dass man an seiner Lebensführung erkrankt sei und jede Besonnenheit verloren habe.[40] Und an anderer Stelle meint er, die Krankheit sei die Antwort, wenn wir an unserer Aufgabe zweifeln und beginnen, es uns im Leben leichter machen zu wollen. Die Krankheit also als strenger Lehrmeister? [41]

Durch die Krankheit kommen wir möglicherweise zum Nachdenken und können unseren Lebenswandel korrigieren. Nachdrücklich können wir erkennen, dass wir zu viel arbeiten oder in einer 'Entwicklungskrise' stecken. Insofern ist der Körper ein wichtiger Gesprächspartner. Ihn können wir nicht wegschieben wie wir das manchmal mit den Hinweisen guter Freunde zu tun pflegen. Er erzwingt unsere Aufmerksamkeit und zieht irgendwann die Notbremse in Form einer schweren Krankheit. Wenn wir auf solchen Freundschaftsdienst besonnen reagieren, werden wir dadurch belohnt, dass wir dem Ziel eines glücklichen oder zumindest zufriedenen Lebens näherkommen.

Viele Menschen können diese Besonnenheit nicht aufbringen. Ich habe in meiner Praxis zahlreiche Menschen erlebt, die sehr mit ihrer Krankheit haderten, weil sie dadurch nicht mehr so beweglich oder belastungsfähig waren. Sie erlebten ihre chronische Krankheit wie eine persönliche Kränkung und waren manchmal nicht bereit, den möglichen 'Krankheitsgewinn' zu sehen. Sie waren fast beleidigt, dass der Körper seinen Dienst versagte. Meist waren diese Patienten sehr aktive Menschen und es fiel ihnen deshalb schwer, eine ruhigere Lebenseinstellung zu akzeptieren. Ich möchte das am Lebensschicksal des 35-jährigen Dieter verdeutlichen. Er war von Kindheit an ein aktiver Mensch, der sich auf diese Weise auch die Anerkennung seiner Eltern erwarb: *„Wir waren Flüchtlinge, und bei uns zuhause herrschte die Devise: Aus unserem Unglück könne wir uns nur selbst befreien. Mein Vater war krank aus dem Krieg zurückgekommen, und* *da musste ich als ältester Sohn ziemlich zupacken. Ich war körperlich sehr kräftig und im Sport immer sehr gut. Ich ging gern schwimmen und Skilaufen. Da war ich in meinem Element und fühlte mich unbeschwert. Später ging ich auch noch Bergsteigen und hatte endlich einmal die Welt unter mir. Ich fluchte mächtig und wurde regelrecht depressiv, als ich mich nach einer Knieverletzung körperlich sehr schonen musste.*" Dieter kam schließlich in die Therapie, weil er mit seiner Bewegungseinschränkung innerlich nicht fertig wurde. In der Therapie begann er dann nicht nur die Hintergründe seiner früher ungehemmten Aktivität zu verstehen. Er begann auch, Interessen zu entwickeln, die keinen körperlichen Einsatz erfordern. Beispielsweise fing er an zu lesen, er interessierte sich mehr für seinen Garten und beschloss, mehr über sich und das Leben nachzudenken. Erzwungenermaßen vollzog sich in seinem Leben eine umfassende Werteumstellung. Er begriff, dass Aktivität im Leben nicht alles ist, dass man sich auch erholen muss. Doch diese Wertkorrektur war nicht einfach. Sie bedeutete, dass er einen Teil seiner bewährten Lebenskonzeption aufgeben musste, um sie durch andere Werte zu ergänzen. Oft ist man zu einer solchen Umstellung erst in einer Krise bereit. Insofern können solche Krisen sehr produktiv sein, und wir sollten uns manchmal sogar dafür bedanken, dass uns das Schicksal solche Bewährungsproben stellt.

Natürlich ist es besonders schwierig (und häufig fast unmöglich), eine solche fast philosophische Einstellung zu gewinnen, wenn man ständig krank ist. Dann wird man die Krankheit eher als Feind betrachten. So ist verständlich, dass der russische Schriftsteller Maxim Gorki, der seit seinem dritten Lebensjahrzehnt an Lungentuberkulose sowie die dadurch hervorgerufenen Fieberanfällen, Blutstürzen und Lungenentzündungen litt, die Ansicht äußerte: *„Das Leiden ist die Schande der Welt, und man muss es hassen, um es auszurotten"*.[42] Doch auch bei schweren Krankheiten kann man

111

mitunter eine Haltung der Gelassenheit erwerben und seinen Körper als einen guten, schwierigen Freund betrachten lernen. Allerdings wird nicht jeder eine so souveräne Einstellung gegenüber seiner Krankheit gewinnen können wie Christian Morgenstern, der ebenfalls an einer schweren Lungentuberkulose litt. Er war überzeugt: „Jede Krankheit hat ihren besonderen Sinn, denn jede Krankheit ist eine Reinigung, man muss nur herausbekommen, wovon...([43]

Der Tod als Freund

Wer an einer langen, schweren Krankheit ungewöhnlich stark leidet, wird manchmal auch den Tod als Freund erleben. Durch die starken Schmerzen scheint es, als habe der Tod den Schrecken verloren. Zumindest ist er manchmal das kleinere Übel. So ging es Heinrich Heine, der jahrelang an seine 'Matratzengruft' gefesselt war und zum Schluss jene Menschen beneidete, die sterben durften. Dieser deutsche Dichter hatte in früheren Jahren einmal gemeint, das größte Übel sei der Tod. Im Allgemeinen fürchten wir ihn instinktiv. Versöhnt sind wir mit ihm wahrscheinlich am ehesten dann, wenn wir unsere Lebensziele verwirklicht haben. Wenn all unsere Pläne und Hoffnungen in Erfüllung gegangen sind und der Körper schwach geworden ist, hat 'Freund Hein' seinen Schrecken verloren. Manchmal werden wir uns dann sogar wünschen, dass er sich beeilt. Vielleicht ist der Tod dann kein Freund im herkömmlichen Sinne, aber er ist eine Schicksalsmacht, mit der wir uns abgefunden haben. Sehr bewusst habe ich diese Einstellung bei meiner liebenswürdigen Nachbarin erlebt. Sie wurde fast neunzig Jahre alt und war noch im hohen Alter sehr rüstig und geistig rege. Auf meine Frage, ob sie nicht hundert Jahre alt werden wolle, meinte sie: „Ach nee. Warum? Ich habe alles erlebt und meine Enkel sind jetzt groß. Wenn ich irgendwann für immer die Augen schließe, es wäre nicht schlimm. Wenn ich manchmal krank im Bett liege und aufwache, dann wundere ich mich und denke: bist Du schon im Himmel oder lebst Du noch?"

Die Stunden der Stille

Es ist für mich ein aufrüttelnder Gedanke, dass das Leben irgendwann zu Ende ist. Ich nehme mir deshalb immer wieder vor, mich in Zukunft mehr auszuruhen und das Leben zu genießen. Dann suche ich regelrecht Zeiten der Stille und inneren Ruhe. Ich betrachte es auch als Freundschaft mit mir selbst, dass ich mich gelegentlich von der lärmigen Welt zurückziehe und Zeit für mich selber habe. Ich muss manchmal behaglich und ungestört leben, wenn ich mir selbst begegnen will. Es gehört eben auch zur Freundschaftsfähigkeit, dass wir mit uns selbst auskommen, wenn kein anderer da ist. Dann erweist sich, ob wir etwas mit uns selbst anzufangen wissen oder Langeweile empfinden. Das erfordert oft mehr Mut als eine Bergbesteigung oder die Erforschung einer Höhle. Man muss beispielsweise den Mut haben, seine eigene innere Stimme ernst zu nehmen. Um diese Stimme zu hören, habe ich mir angewöhnt, meine Träume aufzuschreiben. Sie geben mir oft einen sehr genauen Aufschluss über mein Seelenleben. Und manchmal liege ich auch dösend im Bett und lausche auf meine inneren Gefühle und Regungen. In solchen Zeiten komme ich mir viel näher als in den vom Willen gelenkten Tagesstunden. Allerdings gelingt es mir nicht immer, sinnvoll mit solchen Stunden der Stille umzugehen. Manchmal gehen mir Sorgen und Aufregungen nicht aus dem Kopf. Ich merke dann, dass ich für mich selbst kein guter Gesprächspartner bin. In solchen Stunden rufe ich Freunde an, um im Dialog mehr Aufschluss über mich zu bekommen. Aber ich greife in solchen Zeiten auch zu einem interessanten Buch. Das Lesen guter Bücher betrachte ich als einen Freundschaftsdienst an mir selbst. Sie regen mich an, sie beruhigen mich, verbessern meine Stimmung und sind deshalb für mich echte Freunde. Diese Freunde helfen mir dabei, eine innere Substanz zu entwickeln. Man muss zuweilen auch geistige Nahrung zu sich nehmen, wenn man in einen inneren Dialog mit sich selbst treten will. Sonst horcht man in sich hinein und es ergeht uns so wie dem 25-jährigen Kurt, der nach einem Meditationswochenende zu mir sagte: *„Ich habe stundenlang, ja tagelang in mich hineingeschaut. Und was habe ich gefunden, nachdem ich den ganzen Plunder meiner Sorgen weggeräumt habe? ... Nichts. Buchstäblich nichts. In mir war ein großes, weißes Loch.„*

Bücher als Freunde

„Ein Buch ist doch nur Papier. Freundschaften gehen nur mit Menschen aus Fleisch und Blut" – erwiderte kritisch ein 28-jähriger Programmierer, nachdem ich ihm empfohlen hatte, mit Büchern Freundschaft zu schließen. Ich kann dem nicht zustimmen. Welcher Junge ist nicht mit Winnetou und Old Shatterhand befreundet gewesen? In der Kindheit sind oftmals Bücher über die Schatzinsel und Piraten gute Freunde und viel interessanter als nörgelnde Eltern und nervende Lehrer. Sie verführen zum Träumen und können uns von dem öden Alltag befreien. Sie können uns mühelos in andere Erdteile und Zeitalter versetzen. Sie können interessante, verlässliche Freunde sein, die uns etwas zu sagen haben. Zu jeder Tages- und Nachtzeit liegen sie für uns bereit. Vor allem wenn man krank ist oder sich fremd in einer anderen Stadt aufhält, weiß man diesen Freundesdienst zu schätzen. Und viele Menschen würden resignieren, wenn sie keine guten Bücher hätten. Sie leben in einer dumpfen Welt, in der sie nur aus dem bedruckten Papier eine sinnvolle Lebensorientierung gewinnen können. In den Büchern treffen sie auf viele Menschen, mit denen sie innerlich Freundschaft schließen. So erging es auch Maxim Gorki, der unter sehr trübseligen Umständen aufwuchs und nachts bei Kerzenlicht in die Welt der Literatur eintauchte. Er schildert in seiner Autobiographie, er habe sich stärker gefühlt, wenn er gelesen habe. Ohne Bücher sei er schlaff und träge gewesen. Später forderte er seine Leser auf: *„Liebt das Buch, es wird euch das Leben erleichtern, euch als guter Freund helfen, sich in dem bunten und stürmischen Durcheinander der Gedanken, Gefühle und Ereignisse zurechtzufinden, es wird euch lehren, den Menschen und euch selbst zu achten, es wird euren Verstand und euer Herz beflügeln durch das Gefühl der Liebe zur Welt und zum Menschen."*[44]

Natürlich sind nicht alle Bücher gute Freunde. Unter ihnen gibt es auch schlechte Freunde, die uns die kostbare Zeit stehlen, uns ermüden und langweilen. Und die meisten Bücher lesen wir nur einmal, weil dann ihr Inhalt erschöpft ist. Solche Bücher gleichen einer oberflächlichen Bekanntschaft. Freundschaft kann man nur mit einem Buch schließen, wenn es uns immer wieder beschäftigt. Man liest solche Bücher mehrfach im Leben und entdeckt in ihnen immer wieder neue Einsichten. Sie sind treue Freunde in guten und schlechten Zeiten. Doch solche Freunde sind auch anspruchsvoll. Um gute Romane zu lesen, bedarf es zunächst einer gewissen Konzentration. Man muss sich ihnen in Ruhe widmen, um ihren Inhalt erfassen zu können. Und es bedarf der Kühnheit der Vorstellung – betonte Virginia Woolf in einem Vortrag. Mit unserer Phantasie und Lebendigkeit müssen wir die in den schwarzen Buchstaben enthaltenen Figuren und Landschaften zum Leben erstehen lassen. Um in den Genuss des Lesens zu kommen, müssen wir uns bei guten Büchern als würdig erweisen. Zu Recht wies Lichtenberg in einem Aphorismus darauf hin, wenn ein Buch und ein Kopf zusammenstießen und es klinge hohl, müsse es nicht am Buch liegen.

Viele Bücher sind für mich gute Freunde geworden. Ich bin ein rechter Büchernarr, der zumindest vor dem Einschlafen jeden Tag noch eine Stunde liest. Dann lese ich sehr gern Biographien und Romane und lasse so den Tag ausklingen. Ich freue mich, dass ich diese Freunde immer um mich haben kann und dadurch kaum Langeweile verspüre. In meiner Wohnung gibt es viele Bücher und ich werde immer wieder gefragt, ob ich denn alle gelesen habe. Das ist nicht der Fall, denn ich muss bestimmte Bücher kaufen und um mich haben, bis ich den Wunsch verspüre, mich mit ihnen zu beschäftigen. Dann werden mit einem Mal beim Lesen die Figuren des Buches lebendig, und Anna Karenina, Don Quichotte und der Senator Buddenbrook sind für mich interessante Menschen, die ich gut kenne. Manchmal sind sie sogar Freunde für mich, mit denen ich ein inneres Zwiegespräch führen kann. Ein Leben ohne diese Freunde wäre für mich undenkbar.

Das Problem der seelischen Echtheit

Viele Bücher haben mir dabei geholfen, die Freundschaft mit mir selbst zu verbessern. Das ist mir vor allem dadurch gelungen, dass ich das Leben anderer Menschen studierte. Beispielsweise habe ich mich früher oft gefragt, wie man es schafft, dass man nicht so sehr auf die Anerkennung seiner Mitmenschen angewiesen ist. Mich hat die Aussage des amerikanischen Soziologen Davis Riesman fasziniert, um die Jahrhundertwende hätten die meisten Menschen mehr von innen heraus gehandelt. Er vergleicht sie mit einem 'Kreiselkompass': einmal durch die Werte und Normen ihres Elternhauses 'eingestellt', hätten sie relativ unabhängig gelebt. Doch inzwischen würden wir wie Radarantennen funktionieren und nur das tun, was man von uns erwartet.

Die innere Unabhängigkeit

Wenn wir heutzutage unsere innere Unabhängigkeit erringen wollen, müssen wir vor allem eigene moralische Maßstäbe finden. Dann weiß man selbst, was man richtig gemacht hat und was falsch war. Häufig braucht man dazu ein ganzes Leben. Ich bewundere manchmal ältere Menschen, wenn sie aufgrund ihrer Lebenserfahrung ein sehr sensibles Gewissen ausgebildet haben. Ich empfinde deshalb eine tiefe Achtung vor Golo Mann, der in seiner Autobiographie bekannte, er habe in seiner Freundschaft mit dem Philosophen Karl Jaspers einen großen Fehler gemacht. Er fühle sich beschämt, weil er anhand eines Briefes erkennen müsse, dass ihn Jaspers einmal sehr geschont habe. Wenn er das damals gewusst hätte, wäre auch er in seinem Verhalten manchmal besonnener gewesen. Er hatte seinerzeit Hannah Arendt, mit der Jaspers eng befreundet war, öffentlich scharf kritisiert und das hatte Jaspers sehr verletzt.[45]

Golo Manns Bekenntnis ist für mich ein schönes Beispiel jener Tiefgründigkeit, ohne die eine wirkliche Freundschaftsfähigkeit nicht möglich ist. Oberflächliche Menschen können keine echten Freundschaften schließen. Dazu sind nur Menschen in der Lage, die den Problemen des Lebens auf den Grund gehen wollen. Dazu muss man auch sich selbst in Frage stellen und kritisieren können. Anders ausgedrückt: Es sind die suchenden Menschen, die zur Freundschaft fähig sind. Das fällt den introvertierten Menschen mitunter leichter als den sehr weltzugewandten. Deshalb werden die ruhigen, etwas schüchternen Menschen häufig eher den Weg der Freundschaft finden als die sehr expansiven. Zwar brauchen sie beim Beginn einer Freundschaft mehr Zeit als jene Menschen, die selbstbewusst und forsch auf andere zugehen. Doch dafür sind ihre Freundschaften meist wesentlich tiefgründiger. Das lässt sich auch für Sigmund Freud sagen, der ein Meister der Selbstanalyse war. Trotz seiner grandiosen

Lebenspläne litt er manchmal unter einer gewissen Schüchternheit. Er klagte deshalb einmal darüber, es sei ihm nicht gegeben, „sich beim ersten Kontakt mit andern Menschen im besten Licht zu zeigen." Und in einem Brief bekannte er, er habe sich alle Freunde mühsam erwerben müssen. Doch dann kam er zu dem Ergebnis, er werde dafür durch die Innigkeit, mit der alle seine Freunde an ihm hängen, entschädigt.[46]

> Die Menschen, denen wir eine Stütze sind,
> die geben uns den Halt im Leben.
> *Marie von Ebner-Eschenbach*

Wie man neue Freunde findet

Eine Journalistin fragte mich vor einiger Zeit, ob es schwierig sei neue Freunde zu finden. Ich antwortete, dass das sehr von der Spontaneität und Beziehungsfreudigkeit eines Menschen abhängt. Wer am Wochenende einsam zuhause sitzt, empfindet die Suche nach Freunden oft als eine unlösbare Aufgabe. Doch es gibt auch Menschen, denen es leicht fällt, neue Freunde kennenzulernen. Sie sind kontaktfreudiger und in der Lage, auf Menschen zuzugehen. Ich selbst habe es mir angewöhnt, auf den vielen Einladungen und Kongressen manchmal still dazusitzen und zu schauen. Ich horche dann in mich hinein, ob mich jemand innerlich anspricht. Dann gehe ich meist auf diesen Menschen zu, versuche ein Gespräch zu beginnen und einen Kontakt herzustellen, den ich dann vertiefe, indem ich anrufe, mich verabrede. Aber es hängt natürlich sehr von meiner 'seelischen Tagesform' ab, wie kontaktfreudig ich bin. Ich fand es deshalb sehr interessant, dass selbst der 'Freundschaftskünstler' Carl Zuckmayer große Hemmungen hatte, in einem Restaurant den Maler Kokoschka anzusprechen, den er sehr verehrte. Doch seine Frau war mutiger. Sie ging auf Kokoschka zu und sagte: „Ich war mit zehn Jahren Ihre Schülerin in Wien, aber daran können Sie sich nicht erinnern ... Aber ich kann mich an eine Begegnung erinnern, die ich mein Lebtag nicht vergessen werde – ich war damals 15 Jahre alt... Sie sind in einem Zimmer gewesen, im Haus von Freunden, Sie sind am Fenster gesessen in einer weißen Dragoneruniform, wie man sie noch im Ersten Weltkrieg trug. Sie saßen in einem hellen Licht, und ich stand in einiger Entfernung und konnte nur denken: 'Er ist unbegreiflich schön'."

Daraufhin sprang Kokoschka auf und rief: „War i so schön, war i wirklich so schön? – Sie waren ungeheuerlich schön!", entgegnete Alice Zuckmayer, wandte sich um und deutete dann auf ihren Mann: „Und das ist Carl Zuckmayer..." Durch diesen mutigen Schritt von Alice Zuckmayer fanden die beiden Männer zueinander und es begann eine sehr leidenschaftliche, intensive Männerfreundschaft.[47]

Hunde und Kinder als Anlass für Freundschaften

Viele Menschen brauchen nur einen Anlass, um andere kennenzulernen. Wenn sie beispielsweise einen Hund haben, fällt es ihnen leicht, einen anderen Hundebesitzer anzusprechen und sich mit ihm über die Vierbeiner auszutauschen. Und viele Frauenfreundschaften beginnen am Buddelkasten. Die Mütter betreuen ihre Kinder, und nicht selten entwickelt sich dann aus einem Gespräch eine intensive Freundschaft. Oft muss man nach den Gelegenheiten für Freundschaften nicht lange suchen. Es kommt nur darauf an, für die täglichen Kontaktmöglichkeiten offen zu sein. Vor allem wer in einer Großstadt wohnt, kommt täglich mit sehr vielen Menschen zusammen, die er nur flüchtig kennt. In den großen Mietshäusern grüßt man seinen Nachbarn oft nur flüchtig und kennt gerade einmal seinen Namen. Man kennt die Geschäftsfrau vom Laden gegenüber, sieht im Schwimmbad an jedem Freitagabend unter der Dusche die gleichen Leute. Oft kommt es nur darauf an, den ersten Schritt zu tun, und der Bann ist gebrochen. Ein Verkäufer erzählte mir einmal, eine seiner Freundschaften habe damit begonnen, dass er sich Haarshampoo im Schwimmbad ausgeliehen habe. Er bestätigte die Erkenntnis, dass sich die meisten Menschen über

Kontakte freuen und sich keineswegs bedrängt fühlen, wenn man geschickt ihre Nähe sucht.

Häufig beginnt eine Freundschaft mit kleinen Gefälligkeiten. Man betreut die Wohnung eines Mieters während seines Urlaubs, gießt die Blumen und nimmt die Post aus dem Briefkasten. Oder man kümmert sich um die kranke Nachbarin. Die Hilfsbereitschaft ist oft die Brücke zur Freundschaft. Ich habe das selbst erlebt: Eine Nachbarin meiner Kollegin bat mich früher einige Male darum, kleine Handwerkerarbeiten zu erledigen. Dabei lernte ich die alte Dame kennen und es war wohl für uns beide eine 'Freundschaft auf den ersten Blick'. Als ich dann in das Haus einzog, backte sie mir eine Torte als Willkommensgruß.

Freundschaftsstifter

„Man muss Menschen kennenlernen, die Freundschaftsstifter sind", entgegnete ein älterer Mann einmal auf meine Frage, wie man Freunde finden könne. Er erzählte mir dann: *„Während meiner Studentenzeit war ich mit einigen Kommilitonen befreundet, die immer wieder gemeinsame Mittagessen, Ausflüge und Partys organisierten. Durch sie lernte ich eine Vielzahl von Freunden kennen und war fast jeden Abend unterwegs. Diese Kommilitonen waren regelrechte Freundschaftsstifter, denn sie hatten die Fähigkeit, zwischen uns Beziehungen zu stiften. Indem sie uns miteinander bekannt machten und sehr interessante Gespräche anregten, förderten sie den Beginn von Freundschaften."* Dieses Stiften von Freundschaften hat eine lange Tradition. Sie wurde sehr intensiv in den Philosophenschulen des Altertums gepflegt. Dort bildeten sich Freundschaften in einer Erlebnisgemeinschaft von jungen Menschen heraus, die nach umfassender Bildung strebten. Und sehr intensiv wurde dieses Element des 'Freundschaftsstiftens' auch in den Salons des beginnenden

19. Jahrhunderts verwirklicht. Meist waren es Frauen, die durch ihre Persönlichkeit und Gastfreundschaft viele unterschiedliche Menschen um sich scharten. Bei Tee und Gebäck regten sie Gespräche an, führten Menschen zusammen und förderten so in einer sehr weltoffenen, liberalen Atmosphäre den Beginn von Freundschaften. Glücklicherweise gibt es auch in unserem heutigen Jahrhundert solche Freundschaftsstifter. Zu ihnen zählt beispielsweise der Schriftsteller Stefan Zweig, über den Carl Zuckmayer schreibt: *„...er war ein ausgesprochener Katalysator: unerschöpflich seine Freude, Menschen von denen er etwas hielt, zusammenzubringen. So habe ich erst durch ihn Joseph Roth, den er besonders liebte, auch Bruno Walter und Toscanini kennengelernt, und später in London den aus Ekel und Abscheu emigrierten Dichter der 'Unwiederbringlichen Zeit', den Hamburger Joachim Maaß, mit dem mich dann im amerikanischen Exil eine enge, bis heute weiterwirkende Freundschaft verband."*[48].

Gruppenfreundschaften

Am leichtesten findet man wahrscheinlich Freunde, indem man an einer interessanten Gruppe teilnimmt. Wenn man gemeinsam mit anderen Sport treibt, angelt, malt oder sich über die Richtlinien der Politik streitet, hat man immer ein Gesprächsthema. Die gemeinsame Tätigkeit verbindet und man kann nun in Ruhe die Gruppenmitglieder kennenlernen und prüfen, mit wem man eine Freundschaft beginnen möchte. Wer neue Freunde sucht, sollte sich deshalb einer Gruppe anschließen, die am ehesten den eigenen Interessen entspricht. Der eine geht in Volkshochschulkurse, der andere in einen Sport- oder Wanderverein. Innerhalb solcher Gruppen findet man meist einige Teilnehmer, mit denen man sich etwas besser versteht und Freundschaft schließt. Oft ergibt sich dann eine kleine Freundesgruppe, die sich regelmäßig trifft und

Ausflüge organisiert. Eine junge Ärztin erzählte mir: „In meiner Jugend war ich in einem Kirchenchor. Wir trafen uns damals regelmäßig, um zu zelten. Abends saßen wir am Lagerfeuer und sangen. Noch heute treffen wir uns regelmäßig zweimal im Jahr. Für mich ist das eine richtige große Familie. Ich bin zwar nicht mit jedem gleich gut befreundet, aber ich fühle mich immer sehr wohl, wenn wir etwas gemeinsam unternehmen."

Natürlich ist in solchen Gruppen nicht jeder mit jedem befreundet. Man kann zwar viele Menschen kennen, aber man kann immer nur mit wenigen wirklich befreundet sein. Nach meiner Erfahrung kann man höchstens mit drei oder vier Menschen sehr gut befreundet sein. Dennoch ist es sicherlich möglich, innerhalb eines größeren Beziehungskreises mehrere Freundschaften zu führen. Meist ergibt sich dann ein kleiner Freundeskreis, der von den außenstehenden Gruppenteilnehmern als Clique bezeichnet wird. Die Vorteile eines solchen Freundeskreises sind offenkundig. Die Gespräche sind oft anregender als der Austausch zu zweit. Außerdem ist keiner zu sehr von einem Freund abhängig, denn er kann sein Interesse bei Konflikten stärker auf die gerade unproblematischen Beziehungen richten und läuft nicht Gefahr, die einzelnen Freunde durch übermäßige Ansprüche zu überfordern.

Der Beginn von Freundschaften

Wenn man einen Menschen trifft, mit dem man gern befreundet wäre, fängt die 'Beziehungsarbeit' erst richtig an. Es gilt, mehr von anderen zu erfahren und zu erspüren und das Band der Beziehung fester zu knüpfen. Meist unternimmt man etwas zusammen, indem man gemeinsam in ein Restaurant, Kino oder ins Theater geht. Oder man hilft dem Freund bei der Wohnungsrenovierung und sucht geradezu Gelegenheiten, um ihn besser kennenzulernen. Dabei spricht man über die gemeinsamen Interessen, sein Privatleben, die Politik, über 'Gott und die Welt'. Und wenn man Glück hat und sich versteht, hat man auf diese Weise nach einigen Monaten wirklich einen guten Freund gewonnen. Allerdings ist dies nicht einfach. Ich lerne jedes Jahr etwa zwanzig Menschen genauer kennen, bei etwa drei Menschen wird die Beziehung intensiver und ich bin glücklich, wenn ich alle ein bis zwei Jahre einen neuen Freund bzw. eine Freundin gefunden habe. Manchmal habe ich den Eindruck, dass die Suche nach Freunden ebenso aufwändig ist wie die Goldwäscherei.

Leider ist vielen Menschen nicht klar, dass tiefgründige Freundschaften nur durch eine intensive 'Beziehungsarbeit' entstehen können. Der Begriff 'Arbeit' gefällt mir in diesem Zusammenhang zwar nicht ganz, denn er klingt etwas preußisch. Dennoch illustriert er die Bemühung, die zur Gestaltung von Freundschaften erforderlich ist. Freundschaften fallen nicht vom Himmel. Das wird mir immer wieder bewusst, wenn mir Menschen erzählen, dass sie Freunde suchen und keine finden. Wenn ich dann etwas genauer nachfrage, wird deutlich, dass sie sich sehr abwartend verhalten. „Niemand ruft mich an, keiner lädt mich ein„ – ist eine typische Aussage. Gewiss spielt hier die Schüchternheit eine wichtige Rolle. Viele Menschen fragen sich, was sie schon zu bieten haben. Oder sie haben das Gefühl zu stören, wenn sie jemanden anrufen. Das war auch der Eindruck des 24-jährigen Studenten Klaus, der mir in einem Interview sagte: *„Ich habe eigentlich keine richtigen Freunde. Ich bin allein bei meiner Mutter aufgewachsen und habe nie Freunde mitgebracht. Ich war immer ein schüchternes Kind und spielte viel allein zu Hause. Heute fehlt mir oft der Mut Leute anzurufen und einzuladen. Ich kenne viele Menschen, aber was habe ich zu bieten? Warum sollte jemand mit mir befreundet sein wollen?"*

Um auf andere Menschen zugehen zu können, muss man über ein gewisses Selbstbewusstsein verfügen. Wir müssen wissen, was liebenswert und attraktiv an uns ist. Das ist den meisten Menschen wenig bewusst. Sie wissen nicht, über welche besonderen Eigenschaften sie verfügen, die für andere wichtig sein könnten. Meist sind es ganz normale Eigenschaften und Fähigkeiten, die für Freunde bedeutend sind. Dazu zählen vor allem soziale Qualitäten wie z.B. die Fähigkeit zuzuhören, die Verlässlichkeit, die Hilfsbereitschaft. Doch gerade diese Fähigkeiten werden von den meisten als normal angesehen. Deshalb gehört es zu den elementaren Freundesdiensten, dass wir anderen vermitteln, wie bereichernd ihr Kontakt für uns ist und wie sehr wir ihre Zuverlässigkeit und soziale Kompetenz schätzen.

Die Erwartungshaltung

Doch bei vielen Menschen ist nicht nur die Schüchternheit ein sozialer Hemmschuh. Oft spielt auch die Passivität eine große Rolle. Diese Erkenntnis fand ich in einem Gespräch mit der 32-jährigen Elke bestätigt. In einem Interview sagte sie mir: *„Früher sind häufig Menschen auf mich zugekommen, weil ich als Mädchen so niedlich war. Man hat mich wohl gemocht, ich musste nie etwas dafür tun. Das war auch gut so, denn ich war immer sehr ängstlich und gehemmt. Leider vereinsame ich seit einigen Jahren, denn niemand kommt mehr auf mich zu. Und ich kann mich nicht dazu aufraffen, in Beziehungen aktiver zu werden. Warum lädt mich niemand ein? Wo es mir doch so schwer fällt, auf andere zuzugehen."*
Sie meinte selbstkritisch, sie sei wohl etwas bequem. Offensichtlich hatte sie in der Kindheit eine Erwartungshaltung erworben, die zusammen mit ihrer Hemmung verhinderte, dass sie stärker auf Menschen zuging. Diese Ansicht erinnerte mich an die Aussage des Berliner Psychoanalytikers Harald Schultz-Hencke, dass Bequemlichkeit und Riesenerwartungen immer zusammenhängen. Wer in der Kindheit durch andere Menschen verwöhnt und zugleich durch negative Erleb-

nisse gehemmt wurde, wird immer erwarten, dass die anderen auf ihn zukommen. Und wenn ein gehemmter Mensch einmal aktiv wird, erwartet er schnelle Resultate. Doch der Aufbau wirklicher Freundschaften kostet viel Zeit.

Es ist auffällig, dass die meisten Menschen bei der Suche nach Freunden ungemein ungeduldig sind. Sie sind sich nicht darüber im Klaren, dass dabei zwei Menschen eine nicht gerade leichte Annäherung versuchen. Diese ist mindestens ebenso schwierig und viel langwieriger als das Kopplungsmanöver zwischen Raumstationen. Aufgrund der unterschiedlichen Lebensgeschichten ist der Beginn einer Freundschaft wie die Begegnung zweier Welten. Auch wenn man die gleiche Sprache spricht, ist man sich oft so fremd, als käme man von einem anderen Stern.

... die Menschen haben keine Zeit mehr

Natürlich gibt es manchmal Freundschaften, die schnell beginnen, weil sie durch das starke Gefühl einer großen Gemeinsamkeit geprägt sind. Dies war der Fall, als der spätere Schriftsteller Carl Zuckmayer als Student in einer stürmischen politischen Versammlung Carlo Mierendorff kennenlernte, der ein bedeutender Publizist und Politiker wurde. Es genügte ein Blick und er wusste: dieser Mierendorff war in seiner Persönlichkeit und seinen politischen Ansichten der Mann, den er gesucht hatte. Sie blieben die ganze Nacht zusammen und redeten miteinander. Und aus dieser Nacht erwuchs eine intensive Freundschaft, die erst durch den Nationalsozialismus zerstört wurde.

Die Freundschaft zwischen Mierendorff und Zuckmayer konnte so schnell intensiv werden, weil sie eine tiefe Seelenverwandtschaft verband: Sie waren vom Ersten Weltkrieg gezeichnet und militante Kriegsgegner. Doch solche Seelenfreundschaften sind selten. Meist sind schnell geschlossene

Freundschaften nicht tragfähig. Der Dichter Friedrich Rückert meinte deshalb: *„Ein leicht erwärmter Freund wird leicht erkältet sein."* Meist entsteht eine Freundschaft allmählich wie ein Bauwerk und das braucht Zeit, die viele Menschen nicht investieren wollen. Deshalb lässt Antoine de Saint-Exupéry in seinem wunderschönen Freundschaftsmärchen 'Der kleine Prinz' den Fuchs sagen: *„Die Menschen haben keine Zeit mehr, irgend etwas kennenzulernen. Sie kaufen sich alles fertig in Geschäften. Aber da es keine Kaufläden für Freunde gibt, haben die Leute keine Freunde mehr."*[49]

Die Freundschaften zwischen bedeutenden Menschen weisen oft eine lange Vorbereitungszeit auf. Beispielhaft hierfür ist die Freundschaft zwischen Schiller und Goethe. Schiller musste sechs Jahre warten, bis ihre große Freundschaft begann. Goethe verhielt sich zwar jahrelang sehr reserviert, doch Schiller verfolgte beharrlich seine eigenen Pläne, bis ihn Goethe nicht mehr übersehen konnte. Und Goethe, der zeitweilig recht skeptisch gegenüber dem 'schwäbischen Feuerkopf' eingestellt war, lud schließlich nach einem sehr werbenden Brief Schillers diesen in sein Haus ein. Nun begann eine über zehnjährige, sehr produktive Freundschaft, die erst durch Schillers Tod beendet wurde.

Ein interessanter Mensch werden

Das Beispiel Schillers zeigt, dass es auch zur Freundschaftsfähigkeit gehört, ein interessanter Mensch zu sein. Schopenhauer hat einmal gemeint, die Krankheit und die Langeweile seien die beiden Erzübel der Menschheit. Viele menschliche Probleme resultieren aus der Langeweile. Deshalb war es in meiner Schulzeit die größte Beleidigung, wenn man jemandem sagte, er sei langweilig. Man durfte faul sein oder eitel, aber nicht langweilig. Insofern verwundert es nicht, dass die meisten von mir Befragten meinten, sie hätten sich 'interessante' Freunde gesucht. Das müssen nicht immer ungewöhnliche Menschen sein, wie die folgende Aussage einer 45-jährigen Psychologin zeigt: *„Einer meiner Freunde war immer sehr ruhig. Aber das was er sagte, hatte 'Hand und Fuß'. Er war so ein kleiner Philosoph. Und eine Freundin von mir hatte immer Probleme. Langweilig war es nie."*

Man sollte sich also entwickeln und ein interessantes Leben führen, um für Freunde attraktiv zu sein. Doch kann es auch sein, dass man sich seelisch-geistig zu weit entwickelt hat? Ist es nicht so, dass die meisten Menschen mit dem 'lieben Mittelmaß' Freundschaft schließen? Deshalb meinte Christian Morgenstern: *„Je tiefer einer wird, desto einsamer wird er; aber nicht nur das: desto mehr lassen ihn selbst seine treusten Freunde allein ..."*[50]) Doch diese Aussage klingt sehr persönlich und darf wohl nicht verallgemeinert werden. Es ist ja nicht so, dass man keine Freunde mehr findet, wenn man sich entwickelt. Aber mitunter wächst man aus seinem angestammten Freundeskreis heraus. Man muss sich dann neue Freunde suchen, die zu der eigenen Entwicklung passen, mit denen man sich wirklich versteht. Und das ist schwierig. Man wird wählerisch, wenn man sich selbst gefunden hat und ist nicht mehr bereit, irgendwelche Freundschaften einzugehen.

Die Tugendhaftigkeit der Freunde

Bei der Suche nach Freunden hat jeder von uns andere Bedürfnisse. Einer wünscht sich einen belesenen Freund, ein anderer möchte mit ihm etwas Interessantes unternehmen. Wieder ein anderer will gern über sich reden, während der nächste einen Freund sucht, um mit ihm zu wandern. Doch die Freundschaftsexperten aller Zeiten haben uns einige allgemeingültige Hinweise gegeben, die jeder beachten sollte. Voltaire war beispielsweise der Meinung, nur sehr gefühlvollen Menschen wohne die Fähigkeit inne, ein Freund zu sein.

Allerdings suchte ich selbst als junger Mensch vor allem kluge, tüchtige, interessante Freunde, mit denen ich gleichsam geistig die Welt erobern wollte. Doch je älter ich werde, desto mehr sehe ich, wie stark es in der Freundschaft auf emotionale und moralische Qualitäten ankommt: auf die Herzenswärme, Zuverlässigkeit, das Wohlwollen, die Bereitschaft, den Freund zu fördern und die Fähigkeit zur Kooperation. Aber ich brauchte etliche Jahrzehnte, um meine Mitmenschen hinsichtlich solcher Fähigkeiten halbwegs richtig einzuschätzen.

Als ich die Patienten meiner Therapiepraxis nach ihrer Freundschaftswahl fragte, äußerten viele, sie wollten sich von ihren Freunden etwas abschauen können. *„Ich muss etwas von ihnen lernen können, sonst ist die Freundschaft für mich nicht interessant. Das muss durchaus nicht immer im geistigen Bereich liegen. Ich habe einen Freund, der eine gelassene Lebenshaltung hat, und ich möchte lernen, auch so entspannt Aufgaben zu erledigen. Ein anderer Freund von mir ist sehr expansiv. Obwohl er großes Lampenfieber hat, hält er Vorträge und überwindet seine Ängste. Nur bei einem Freund habe ich mich lange gefragt, was ich von ihm lernen kann. Er ist eher ruhig und zurückhaltend. Doch er kann sehr gut kochen und hat eine ausgeprägte Lebensphilosophie. Er will das Leben genießen, reisen und viel erleben, und ist so ein Gegenpol zu mir. "* So die Aussage eines 43-jährigen Lehrers.

Wenn man bei der Freundeswahl vor allem auf den Aspekt achtet, was man von dem Freund lernen kann, sollte man die Empfehlung des Philosophen Georg Christoph Lichtenberg beherzigen: Man solle sich möglichst an Leute halten, die geschickter sind als man selbst. Doch sie dürften einem nicht so weit voraus sein, dass man sie nicht mehr verstehen würde.[51] Sonst besteht die Gefahr einer zu ungleichen Freundschaft, was immer starke Konflikte in sich birgt.

Am wichtigsten für Freundschaften ist meines Erachtens eine Eigenschaft, die in keiner Beziehung fehlen sollte: der

Humor. Freundschaften mit humorlosen Menschen sind furchtbar schwierig. Humorlose Menschen sind immer in dem Sinne eitel, dass sie sich zu wichtig nehmen, sehr empfindlich sind und auf die Schwierigkeiten des Lebens mit ziemlichen Verstimmungen reagieren. Doch wie findet man am Beginn einer Freundschaftsbeziehung heraus, ob ein Mensch Humor hat? Diese Eigenschaft hat mit dem Erzählen von Witzen nichts zu tun. Bekanntlich ist der Humor die Fähigkeit, trotz einer Kränkung zu lachen. Es ist die Kunst, auch dann über sich schmunzeln zu können, wenn vieles schiefläuft. Nun gibt es Menschen, denen man von vornherein ansieht, dass sie leicht gallig reagieren. Doch endgültig kann man nach meiner Erfahrung die Humorfähigkeit seiner Mitmenschen erst dann erkennen, wenn das Leben einmal schwierig wird. Bestimmte Menschen reagieren dann so verstimmt und angespannt, dass ich sie als Freunde meiden würde.

Je älter ich wurde, desto entscheidender wurde für mich die Beziehungsfähigkeit der Freunde. Ich fühlte mich immer stärker zu Menschen hingezogen, mit denen ich über mich reden konnte, die in der Lage waren, eine intensive Bindung aufzubauen. Vielleicht ist dies der Kern einer Freundschaft: dass man sich auch innerlich begegnet, sich versteht und hilft.

Gleich zu gleich gesellt sich gern

Unsere Möglichkeiten einen Freund zu wählen, sind sehr unterschiedlich. Wer schüchtern ist oder (z.B. als Hausfrau in einem kleinen Dorf) kaum andere Menschen kennenlernt, wird nicht wählerisch sein können, wenn er Freundschaften knüpfen will. Anders ist es, wenn jemand kontaktfreudig ist und im Beruf, im Sportverein oder im Studium mit vielen Menschen zusammentrifft. Dann stellt sich die interessante Frage, warum er sich zu bestimmten Menschen hingezogen fühlt und mit ihnen eine Freundschaft beginnt.

Die Grundregel für eine solche Freundschaftswahl ist in dem Sprichwort 'gleich zu gleich gesellt sich gern' gegeben. Freunde brauchen gewisse Übereinstimmungen hinsichtlich der Weltanschauungen, der Interessen, der sozialen Schicht oder des Charakters. Wilhelm von Humboldt hat schon zu Goethes Zeiten darauf hingewiesen, dass eine Freundschaft nur möglich ist, wenn man in wesentlichen Lebenseinstellungen übereinstimmt. Diese These wurde in neuerer Zeit durch zahlreiche sozialpsychologische Untersuchungen untermauert. Sie zeigen, dass die meisten Menschen dazu neigen, sich mit Menschen gleichen Alters, Geschlechts, sozialer Lage und Charaktereinstellungen anzufreunden.[52]

Sie betrachteten das Leben als Komödie

Die Teilnehmer meiner Freundschaftskurse bestätigten mir, dass sie mit ihren Freunden viele Gemeinsamkeiten aufweisen würden. Beispielsweise meinte der 45-jährige Wissenschaftler Hans: *„Ich habe Freunde, die genauso wissensdurstig sind wie ich. Ich wollte schon immer die Welt begreifen. Ich lese gern und bin ein Büchernarr. Mein wichtigster Freund ist es auch."* Oft haben Freunde die gleichen Interessen, Berufe und bevorzugen manchmal den gleichen Frauentyp – was natürlich zu Komplikationen führen kann. Am schönsten ist diese Übereinstimmung, wenn Freunde die gleiche Lebensphilosophie haben. Davon berichtet Claude Tillier in einer sehr humorvollen Geschichte: *„Mein Onkel und Monsieur Minxit mussten Freunde werden, sobald sie einander begegneten. Diese beiden Naturen waren einander so ähnlich wie zwei Tropfen Wein oder, um mich eines für meinen Onkel weniger anzüglichen Vergleichs zu bedienen, wie zwei in derselben Form gegossene Löffel. Sie hatten die gleichen Gelüste, den gleichen Geschmack, die gleichen Passionen, die gleichen Anschauungen, die gleiche politische Mei-*

nung. Beide sorgten sich sehr wenig um die tausend kleinen Unfälle, die tausend mikroskopischen Katasträphchen, aus denen wir anderen Dummköpfe gleich ein großes Unglück machen. Wer in diesem Jammertal keine Lebensweisheit besitzt, gleicht einem Menschen, der barhäuptig im strömenden Regen geht; der Philosoph hingegen hat einen soliden Regenschirm über seinem Kopf aufgespannt, der ihn vor dem Unwetter schützt. Diese Meinung teilten beide. Sie betrachteten das Leben als eine Komödie und fassten ihre Rolle so heiter wie möglich auf.“[53]

Gegensätze ziehen sich an

Allerdings ist es nicht so, dass wir im Freund quasi einen Doppelgänger suchen. Stellen Sie sich einmal vor, Sie hätten einen Freund, der genauso wäre wie Sie? Wäre das nicht manchmal ganz schön irritierend und anstrengend? Es kommt also noch ein zweites Prinzip bei der Freundeswahl zum Tragen, das durch das Sprichwort 'Gegensätze ziehen sich an' verkörpert wird. Als wir über diese beiden Prinzipien in einem Freundschaftskurs sprachen, meinte ein Teilnehmer: *„Das Gleiche ist die Basis, doch der Unterschied ist das Interessante.„* In der Freundschaft sucht man immer auch eine anregende Ergänzung. Ein Freund muss deshalb etwas anders sein als man selbst. Sonst wäre die Beziehung eintönig und langweilig. Und da man in seinen Fähigkeiten und Lebenseinstellungen immer einseitig ist, sollte der Freund eine Ergänzung darstellen. Oft sucht sich eine schüchterne Frau eine selbstbewusste Freundin. Oder es besteht eine Freundschaft zwischen einem etwas nervösen und einem ruhigeren Mann. Ein eindrucksvolles Beispiel für eine solche ergänzende, ungleiche Freundschaft enthält die Geschichte 'Unterm Rad' von Hermann Hesse. Dort wird das Internatsleben geschildert. Fast alle Schüler hatten Freundschaften begonnen.

Dabei gab es Freundespaare, die sich durch gleiche Interessen auszeichneten. Sie lernten miteinander Vokabeln, zeichneten oder lasen Schiller. Doch es „gab auch ungleiche Paare. Für das ungleichste galten Hermann Heilner und Hans Giebenrath, der Leichtsinnige und der Gewissenhafte, der Dichter und der Streber. Man zählte zwar beide zu den Gescheiten und Begabtesten, aber Heilner genoss den halb spöttisch gemeinten Ruf eines Genies, während der andere im Geruch des Musterknaben stand." [54]

Bei solch ungleichen Freundespaaren fragt man sich manchmal, was die beiden zusammenhält. In einer Einzelstunde schilderte mir einmal ein Mann, der aus einem vornehmen Hause stammte, dass auf die Einhaltung der Reinlichkeitsregeln in seiner Kindheit peinlichst geachtet wurde. Wohl zum Ausgleich hatte er einen Freund, der aus ärmlichen Verhältnissen kam und sich ungeniert den Hintern mit Rhabarberblättern abwischte. Er bewunderte und beneidete diesen Freund ungemein, der sich so frei bewegen und in seiner Freizeit tun und lassen durfte, was er wollte.

Wie sich zwei unterschiedliche Menschen ergänzen können, zeigt auch das berühmte Freundespaar aus der Weltliteratur, Don Quichotte und Sancho Pansa. Der weltfremde Idealist Don Quichotte ist auf seinen erdverbundenen Knappen Sancho Pansa angewiesen. Und der kleine, dicke und bequeme Sancho bleibt trotz aller Widrigkeiten bei seinem langen, hageren Herrn, weil er glaubt, durch ihn Statthalter zu werden und ein schönes Leben führen zu können.

Die Pflege der Freundschaft

„Jetzt weiß ich, wie ich mir Freunde suchen kann. Und ich weiß, warum ich mir bestimmte Freunde suche. Doch das ist noch nicht einmal mein Hauptproblem. Mir fällt es schwer, immer wieder die Freundschaft lebendig zu halten. Bei mir

gibt es richtige Freundschaftslöcher. Dann ist zwischen mir und manchen Freunden Sendepause„, klagte die 25-jährige Studentin Maxi. Es ist sicher so, dass auch Freundschaften – so wie Ehen – in die Jahre kommen. Dann müsste man beginnen, wieder mehr in die Freundschaft zu investieren. So wie eine Pflanze gelegentlich neue Erde und Dünger braucht, müssen auch Freundschaften gepflegt werden. Und diese Pflege nimmt einen viel zu geringen Raum in unserem Leben ein. Deshalb versanden viele Freundschaften im Laufe der Zeit und büßen viel von ihrem früheren Schwung ein.

Was machen die meisten Menschen, wenn sie ihre Freundschaften intensivieren wollen? Sie laden die Freunde zum Essen ein. Das ist oft eine gute Gelegenheit, über sich zu sprechen und zu spüren, wie es dem Freund überhaupt geht. Meist ist man bestrebt, die innere Verbindung wieder herzustellen, die verloren gegangen ist. Das wirkliche Interesse an dem Freund/der Freundin ist der eigentliche Schlüssel dazu, dass die Beziehung wieder lebendig wird. Und dies Interesse muss bestehen bleiben, auch wenn man sich nicht mehr sieht. Die Freundschaft lebt davon, dass man nach einigen Tagen oder Wochen anruft und auf Gesprächsinhalte zurückkommt, sich erkundigt. „Du hast kürzlich was erzählt … Ich habe darüber was gelesen. Habe Dir was zugeschickt…", sagte mir kürzlich eine Freundin und ich war gerührt über ihr Interesse und darüber, dass sie an mich gedacht hat.

Interesse bedeutet, dass man den Pulsschlag des anderen spürt und nun überlegen kann, was erforderlich ist, damit es dem Freund besser geht und die Beziehung lebendiger wird. Was wir dann tun, wird immer sehr unterschiedlich sein. Immer jedoch wird unser Handeln von einer Botschaft bestimmt sein, die wir dem Freund vermitteln: Du bist mir wichtig.

Freundschaft, die ein Ende fand,
niemals echt und rein bestand.
Sprichwort

Konflikte in Freundschaften

Als ich jünger war, sehnte ich mich nach harmonischen
Freundschaften und war irritiert, wenn es größere Konflikte
gab. Doch inzwischen habe ich lernen müssen, dass enge Beziehungen oft konfliktanfällig sind. Zwei unterschiedliche
Menschen 'reiben' sich eben auch einmal aneinander und sto-
ßen zusammen, selbst wenn sie ein Freundschaftsbündnis
eingehen. Auch in Freundschaften ist man deshalb keineswegs immer ein Herz und eine Seele.

In langjährigen Freundschaften wechseln mitunter Gefühle der Zuneigung mit Zeiten der Distanz. Nach einer Auseinandersetzung braucht man einige Zeit des Sich-neu-
Orientierens, bis man sich wieder annähert. Und wie in der
Natur gibt es gelegentlich auch ein reinigendes Sommerge-
witter. Echte Freundschaften wachsen mit durchgestandenen
Konflikten, man rückt danach enger zusammen. Offenbar
kann ein guter Streit eine Freundschaft weiterbringen. Beide
Freunde erfahren im Streit einiges voneinander, was sie sonst
verschwiegen haben. Wie bei einem kleinen Vulkanausbruch
werden dem Freund Gefühle, Affekte und Gedanken entgegen geschleudert, mit denen er sich auseinandersetzen muss.
Das kann die Freundschaft stärken und vertiefen, wenn das
innere Band der Beziehung stark genug ist. Marie von Ebner-
Eschenbach hat deshalb gemeint: *„Ein Streit zwischen wahren Freunden und Liebenden bedeutet gar nichts. Gefährlich
sind nur Streitigkeiten zwischen Menschen, die einander
nicht ganz verstehen."*[55] Nun würde ich dem zwar zustimmen, aber wir müssen doch eingestehen, dass starke Kon-

flikte eine Freundschaft immer erschüttern. Selbst mit meinem besten Freund hatte ich vor einigen Jahren einmal einen mittleren Konflikt und ich war mir nicht sicher, ob und wie es weitergehen würde. Wir haben uns wieder vertragen, denn offenbar waren wir uns beide sehr wichtig. Aber ich habe auch erleben müssen, dass Freundschaften dann auseinander brachen. Wenn die Freunde (oder man selbst) sehr empfindlich sind und die gegenseitige Anziehung gering ist, kann der Faden der Freundschaft doch sehr schnell reißen. Insofern muss man schon etwas vorsichtig sein, wenn man die Erkenntnis des französischen Moralisten La Rochefoucauld beherzigt, es sei der höchste Beweis einer Freundschaft, wenn man dem anderen sagen könne, was uns an ihm stört. Zwar hat auch Goethe einen solchen Freundschaftsdienst gepriesen und festgestellt: „Einen kritischen Freund an der Seite kommt man immer schneller vom Fleck." Und jeder Leser kennt vermutlich Leute, denen es tatsächlich ganz gut täte, einen solchen kritischen Freund zu haben. Doch haben wir nicht auch selbst mitunter Mühe, die eigenen Fehler zu erkennen? Ist es nicht auch für uns nützlich, dass uns ein Freund wie ein Spiegel unsere Fehler vorhält? Oft lässt man sich daher von Freunden – denen man auch mehr Objektivität zutraut – mehr sagen als vom Partner. So sieht es auch der 42-jährige Abteilungsleiter Joachim: *„Auf das Urteil meines Freundes kann ich mich verlassen. Er hat mir kürzlich gesagt, ich sei arbeitssüchtig und müsste endlich lernen, weniger zu arbeiten. Ich wäre so rastlos, weil ich innerlich unglücklich sei. Ich sollte mich mehr um meine Frau kümmern. Diese Aussage hat mich zwar irgendwie geärgert, aber eigentlich hat er ja recht. Ich werde das ändern müssen. Meine Frau sagt mir das schon lange, aber bei ihr schalte ich immer ab."* In einer Liebesbeziehung hat man eben nicht den notwendigen Abstand, um seine Kritik halbwegs vernünftig vermitteln zu können. Man ist Betroffener und dadurch in seiner Kritik oft viel ungeschickter. Und der Kritisierte ist zu empfindlich, denn er erwartet Liebesbeweise und keine noch so gut gemeinten Korrekturen.

Doch auch in einer Freundschaft bin ich im Allgemeinen vorsichtig, zu viel Kritik zu äußern oder dem anderen einen Spiegel vorzuhalten. Die meisten Menschen leiden ohnehin unter einer übertriebenen Selbstkritik, unter einem geringen Selbstwertgefühl, und es wäre eher ein Freundschaftsdienst, wenn wir ihnen ihre positiven Eigenschaften widerspiegelten.

Die drei ‚Todsünden' der Freundschaft

Ich zähle mich zu den friedfertigen Menschen und zögere meist etwas, einen größeren Konflikt auszutragen. Häufig warte ich damit einige Zeit und schaue, wie sich meine Gefühle zwischenzeitlich entwickeln. Oft mache ich dann die Erfahrung, dass sich der Konflikt einrenkt, ohne dass ein Streitgespräch erforderlich war. Insofern kommt mir das von Goethe meisterhaft praktizierte 'Ruhenlassen' von Konflikten sehr entgegen. Der große Dichterfürst war sich darüber im Klaren, dass eine Freundschaft zeitweilig ruhen muss, wenn man einen Konflikt gelassen austragen will. So gab es beispielsweise viele Wochen, in denen sich Goethe und Schiller mieden, weil sie sich nicht einig fühlten. Doch dieses Ruhenlassen von Konflikten ist nicht immer angebracht. Manchmal spüre ich, dass noch nach Tagen und Wochen etwas so stark in mir rumort, dass ich es dem Freund sagen muss. Es gibt eben in Freundschaften gewisse 'Todsünden', die man ansprechen muss, wenn es nicht irgendwann zu einem Bruch kommen soll. Nach einer von mir durchgeführten jahrelangen Umfrage gibt es vor allem drei gravierende Todsünden:

Für 55% der Befragten stand die Unzuverlässigkeit auf Platz 1 der Todsünden, denn auf eine(n) Freundin/Freund will man sich verlassen können. Er/sie soll für uns da sein, wenn wir unbedingt auf ihn/sie angewiesen sind. Wir erwarten, dass wir von der besten Freundin unterstützt werden, dass sie anruft, sich kümmert und zuhören kann. Deshalb ärgert man sich, wenn die Freundin ständig unter Stimmungsschwankungen und Launen leidet, so dass man nie weiß, woran man bei ihr ist, ob man in Krisenzeiten auf sie bauen kann. Und man muss auch befürchten, dass sie im Konfliktfall nicht zu uns steht. Andere Freunde rufen wochenlang nicht an und man hat sie schon als Freunde aufgegeben. Und dann melden sie sich wieder und tun so, als wäre nichts gewesen.

Zu dieser Unzuverlässigkeit gehört auch die Unpünktlichkeit: Man verabredet sich und die Freundin ist zur angegebenen Zeit nicht da. Man wartet 15 Minuten, eine halbe Stunde, wird immer nervöser. Nach fast einer Stunde kommt sie ganz locker und erwähnt nebenbei, sie habe noch kurz telefonieren müssen. Einer meiner Patienten sagte mir: *„Man mag dieses Zuspätkommen verstehen und sich sagen, dass die Freundin diese Unpünktlichkeit in der Kindheit erworben hat. Sie kann nichts dafür und ist ansonsten ja nett. Doch ich werde sauer, wenn man mich stehen lässt. Irgendjemand hat mal gesagt: wenn man einen Menschen warten lässt, erzeugt man in ihm eine kleine Psychose. Das mag übertrieben sein, aber es stimmt trotzdem. Ich überlege dann ständig, was meiner Freundin passiert sein könnte, warum sie nicht kommt. Dann überlege ich, ob ich nicht lieber gehen soll. Jedenfalls ist das keine Art, einen Menschen warten zu lassen. Das ist immer eine gewisse Geringschätzung. Das sage ich auch meiner Freundin hin und wieder recht deutlich und das wirkt: Sie wird daraufhin manchmal tatsächlich pünktlicher."*

Für 15% der Befragten ist vor allem die Nehmerhaltung störend. Manche Freunde rufen immer nur an, wenn sie etwas wollen. Kannst Du mir beim Umzug helfen, mir etwas borgen? Was sagst Du dazu, dass mein Mann kürzlich gemeint hat...? Und man nimmt sich viel Zeit. Mitternacht ist längst vorüber. Schließlich ist die Freundin beruhigt, man selbst völlig durcheinander und kann nicht schlafen. Doch wenn man einmal ihre Hilfe in Anspruch nehmen will, muss sie unbedingt noch die Fenster putzen, weil Besuch kommt. Man ist enttäuscht und verärgert... So ging es auch einem 30-jährigen Ingenieur, der darüber klagte: *„Alle kommen zu mir, wenn sie was wollen. Wenn der Fernseher nicht läuft, der Wasserhahn tropft oder die Waschmaschine streikt. Vor allem Paul meldet sich dann mit schöner Regelmäßigkeit. Meine Frau sagt schon immer, der nutzt Dich nur aus. Wenn Du mal einen brauchst, ist keiner da."*

Auf Platz drei der Todsünden mit 12% steht die Tratscherei, denn eine wirkliche Freundschaft lebt von der Verschwiegenheit. Es ist deshalb sehr ärgerlich, wenn Bekannte intime Details eines Gesprächs erfahren. Schon Nietzsche warnte: *„Man darf über seine Freunde nicht reden: sonst verredet man sich das Gefühl der Freundschaft."*[56] Doch Nietzsche wies auch darauf hin, dass verschwiegene Freunde selten sind. Er war der Ansicht, es gebe wenige Menschen, die nicht die Geheimnisse der Freunde preisgeben würden, wenn ihnen bei einer Unterhaltung der Redestoff ausginge.[57] Diese Redefreudigkeit – vielleicht sollte man sagen 'Quatschhaftigkeit' – hängt nach der Erkenntnis Nietzsches mit der Langeweile zusammen. Deshalb empfahl er, man solle sich 'Arbeitsame' zu Freunden machen. Wer nicht genug im Leben zu tun habe, würde immer über seine Freunde reden. Nun bezieht sich die Empfehlung Nietzsches, man solle mit 'Arbeitsamen' Freundschaft schließen, natürlich nicht auf jene Menschen, die ständig arbeiten und angespannt sind. Solche Menschen haben nicht die innere Ruhe, um tiefe Freundschaften zu pflegen. Doch eine gewisse Lebenstüchtigkeit ist sicherlich für Freundschaften förderlich.

Wenn auf die Verschwiegenheit eines Freundes kein Verlass ist, kann man sich ihm nicht vollständig anvertrauen. Man muss dann immer sortieren und sich überlegen, welche Folgen es hat, wenn andere von diesem Gespräch erfahren.

Durch diese Selbstkontrolle geht langfristig eine Freundschaft kaputt. Ohne Vertrauen und Hingabe ist eine Freundschaft nicht möglich. In diese Richtung gingen auch die Überlegungen der 45-jährigen Hausfrau Brigitte, als ich sie über die beste Freundin befragte. Sie antwortete nachdenklich: *„Meine beste Freundin ist mir sehr ähnlich. Sie ist sehr temperamentvoll und wir kennen uns schon seit der Schulzeit. Aber ich glaube nicht, dass ich ihr alles anvertrauen würde. Sie ist etwas schwatzhaft. Meine Ehekrisen und auch die Tatsache, dass ich zu Ihnen in die Therapie komme, würde ich ihr nicht erzählen. Ich habe kein Vertrauen zu ihr und manchmal frage ich mich, ob das wirklich eine richtige Freundschaft ist. Ich habe Angst, ihr das zu sagen."*

Das trennende Schweigen

Wir sind alle keine Engel. Jeder hat seine Schwächen und wir sollten sie auch unseren Freunden zugestehen. Störende Eigenschaften müssen nicht zwangsläufig zum Bruch der Freundschaft führen. Mancher unpünktliche oder schwatzhafte Freund ist ansonsten ganz lieb und nett. Doch wir müssen unsere Kritikpunkte gelegentlich ansprechen, damit kein Groll zurückbleibt. Sonst tritt unmerklich eine gewisse Entfremdung ein, und längerfristig wird man sich einen anderen 'besten Freund' suchen. Die Entfremdung bewirkt, dass man die störenden Eigenschaften des Freundes wie im Vergrößerungsglas sieht und die positiven verdrängt. Wie in einer Partnerschaft spielt man den Gedanken einer Trennung durch. Immer häufiger zögert man, den anderen anzurufen, und es tritt eine kleine Beziehungspause ein. Warum soll man jetzt auf den Freund zugehen? Die positiven Eigenschaften werden gegenüber den negativen abgewogen. Wenn die Bilanz eher negativ ausfällt und sich auch der Freund nicht meldet, beginnt ein langes Schweigen, das schließlich zum Tod der

Freundschaft führen kann. Während dieser Zeit will man oftmals nicht begreifen, wie sehr man selbst an dem Konflikt beteiligt war. Man ist von dem Freund, den man früher so sehr idealisiert hat, enttäuscht und will sich von ihm abwenden. So wie man ehedem oftmals in der Bewunderung zu hoch gegriffen hat, überlässt man sich nun häufig zu sehr den negativen Gefühlen. Schließlich vollzieht man die Trennung, weil man zu viel Angst hatte, den Konflikt auszutragen.

Wie ein Elefant im Porzellanladen

Natürlich ist es nicht leicht, einen Konflikt halbwegs befriedigend zu klären. Und es gibt leider keine Vorbilder, von denen wir diese Fähigkeit erlernen könnten. Jedenfalls kenne ich kaum Menschen, die wirklich konfliktfähig sind. Und wenn ich es ganz genau bedenke, kenne ich fast niemanden, der Konflikte befriedigend löst. Während die einen bei Konflikten zu schüchtern sind, übertreiben es die anderen. Sie denken im Konfliktfall nur an sich, werden sehr massiv. Der Freund wird dann mit Affekten überschüttet und hat keine Chance, das Gespräch in vernünftige Bahnen zu lenken. Nun ist es nicht falsch, sich auch einmal Luft zu machen. Wir sind oft so 'zivilisiert', dass selbst Freunde nicht ahnen, wo sie uns verletzt haben und was in der Beziehung änderungsbedürftig ist. Über viele Jahre staut sich der Ärger in uns, bis der Druck eines Tages so übermächtig ist, dass sich wie bei einem Dampfkochtopf das Ventil öffnet und sich der 'Dampf' eruptiv entlädt. Das ist dann oft der Anfang vom Ende, falls man überhaupt noch miteinander spricht. Es ist sicherlich besser, hin und wieder etwas 'Dampf' abzulassen und dadurch die Beziehung gleichsam zu bereinigen. Doch dabei kommt es immer auch darauf an, wie man etwas sagt. Als Freund möchte ich respektvoll behandelt werden. Der andere sollte sich Mühe geben und sich auch im Konfliktgespräch so verhalten, dass er mir nicht ständig auf die Füße tritt. Es ist doch kein vernünftiger Umgang, wenn einer seine Stimmungen 'dem anderen einfach so vor den Latz knallt'. Einer meiner Patienten hat das einmal damit verglichen, man würde ja auch nicht seine 'Winde' in Anwesenheit von Gästen loslassen, wenn man starke Blähungen hat. Die Direktheit mancher Freunde ist schwer auszuhalten. Wenn man jedoch bei ihnen das Sprichwort beherzigt 'Wie Du mir, so ich dir' und ihnen herzhaft die Meinung sagt, sind sie tödlich beleidigt.

Ich verkehre lieber mit Feinden

Wir verhalten uns oft merkwürdig! Je näher uns jemand steht, desto eher sind wir in Gefahr, ihn zu verletzen. Die Vertrautheit in Freundschaften führt bei manchen Menschen leicht zur Distanzlosigkeit. Man könnte auch sagen, dass sie sich trauen, bei Freunden ihre Affekte ungehemmt auszuleben. Für sie gelten die Worte Goethes: *„Mit fremden Menschen nimmt man sich zusammen ... Allein bei Freunden lässt man frei sich gehn."* Offenbar haben sie vor Fremden mehr Respekt. Auf solcher Erfahrung beruht wohl auch die Aussage von Alma Mahler-Werfel, die einmal bekannte: *„Ich verkehre lieber mit Feinden als mit Freunden. Die getrauen sich wenigstens nicht, einem Böses ins Gesicht zu sagen, wie das die Freunde so gern tun."*[58] Von solchen Freunden habe ich mich glücklicherweise getrennt. Doch die Erinnerungen an sie wurden in mir wieder lebendig, als mir eine 25-jährige Angestellte berichtete: *„Ich arbeite seit einiger Zeit in einer neuen Firma und habe mich dort mit einer jungen Frau angefreundet. Wir haben einfach eines Abends zusammen Wein getrunken und den 'Schwesternkuss' ausgetauscht. Seitdem wir uns duzen, ist sie irgendwie unverschämt geworden. Gestern begrüßte sie mich mit den Worten: 'Du siehst aber heute schlecht aus'. Ich habe schlecht geschlafen, aber ist das eine*

Art, mich so zu anzusprechen? Und dann mischt sie sich auch in meine Partnerschaft ein. Ich habe ihr mal erzählt, dass ich dort Schwierigkeiten habe. Am liebsten würde ich sie wieder siezen. Solche 'Freundschaften' gehen mir ganz schön auf die Nerven."

Die gegenseitige Achtung

Die zarte Pflanze Freundschaft könne nur in gegenseitiger Achtung gedeihen – schreibt Robert Walser.[59] Das gilt es gerade auch im Konflikt mit einem Freund zu beherzigen. Ich muss immer darauf achten, auch im Streit möglichst die Selbstachtung des Freundes nicht zu verletzen. Ich muss mit der Empfindlichkeit meiner Freunde rechnen. Und ich muss wissen, dass wohl jeder Mensch lieber gelobt als kritisiert wird. Oft erreicht man viel mehr, wenn man auf die Anerkennungswünsche eines Freundes eingeht. Ich will das an einem Beispiel erläutern. Die 24-jährige Studentin Bettina war sauer, weil ihre Freundin – obwohl sie es versprochen hatte – nicht anrief. Das war schon einige Male passiert. Bettina war deshalb ziemlich geladen, wartete dann einen Tag, sprach mit mir und rief erst dann die Freundin an. *„Weißt Du, die Gespräche mit Dir sind mir immer sehr wichtig. Sie haben mir schon oft geholfen, wenn ich Probleme hatte. Du bist wirklich hilfsbereit. Schade, dass wir schon so lange nicht miteinander telefoniert haben."* Daraufhin entschuldigte sich die Freundin dafür, dass sie den Anruf schon so lange herausgezögert hatte und ruft seitdem regelmäßig an.

Die Schweine mit den blauen Bändern

Fast alle Menschen sind überempfindlich gegenüber jeglicher Kritik, auch wenn sie berechtigt ist. Diese Überempfindlichkeit wird meist aus Minderwertigkeitsgefühlen und dementsprechenden Geltungswünschen gespeist. Jeder strebt irgendwie nach Anerkennung und Geltung. Bisweilen haben unsere Geltungswünsche sogar einen komischen Aspekt. Jedenfalls musste ich lachen, als ich die Kindheitserinnerung des amerikanischen Autors Carnegie las: *„Als ich ein kleiner Bauernjunge in Missouri war, war es der Hauptehrgeiz meines Vaters, beste Duroc-Jersey-Schweine und eingetragenes weißköpfiges Vieh zu hüten. Wir pflegten die Schweine und das Vieh auf den Viehmärkten des Mittleren Westens auszustellen und gewannen zahlreiche erste Preise damit. Mein Vater befestigte dann die blauen Preisbänder auf einem Stück weißen Musselin und holte, sobald Freunde und sonstige Besucher in unser Haus kamen, das Stück Musselin heraus. Ich musste dabei das eine Ende halten, er hielt das andere, damit die blauen Bänder recht schön zur Geltung kämen.*

Den Schweinen waren vermutlich diese blauen Bänder, die sie gewonnen hatten, gänzlich gleichgültig. Nicht so meinem Vater; denn sie gaben ihm eben das, wonach er verlangte, sie gaben ihm Selbstwertgefühl."[60]

Dieses Beispiel aus der Tier- und Menschenwelt fand ich sehr eindrucksvoll. Es brachte mich zum Schmunzeln, denn ich fühlte mich teilweise etwas ertappt. Doch in meinen Freundschaftskursen hatten etliche Teilnehmer Mühe, sich in dem Schweine-Beispiel wiederzuerkennen. Die Geltungswünsche der meisten Menschen sind eben viel versteckter als die von Generälen, die sich über ihre vielen Orden freuen. Doch auch wir 'normalen Menschen' sind empfänglich für Anerkennung und sehr leicht gekränkt, wenn man uns kritisiert. Oft sind wir deshalb nicht in der Lage zu prüfen, ob an der Kritik etwas dran ist. Das Freundschaftsprogramm des Amerikaners Dale Carnegie berücksichtigt vor allem diese Kränkungsbereitschaft. Seine mitunter recht simplen Ratschläge lauten beispielsweise:

1. Tragen Sie stets und ohne Vorbehalt dem Selbstbewusstsein des andern Rechnung!
2. Versuchen Sie aufrichtig, die Dinge vom Standpunkt des anderen zu sehen!
3. Stellen Sie sich auf die Ideen und Wünsche anderer ein![61]

Ein Tropfen Honig...

Diese Ratschläge wirken verführerisch. Sie suggerieren, dass man Konflikte ganz leicht und harmonisch lösen kann. Hollywood lässt grüßen. Oft lassen sich Konflikte aber nicht mit schönen Worten wegreden. Das stellte auch die 34-jährige Angestellte Beate fest, die auf mich immer recht ruhig wirkte. Doch beim Thema Konflikte wurde sie etwas hitzig und meinte: *„Ich habe eine gute Freundin, die etwas liederlich ist. Sie ist nie pünktlich und wenn sie bei mir ist, dann raucht sie immer, obwohl ich den Qualm nicht vertrage. Ich habe ihr das ein paar Mal ruhig und freundlich gesagt und sie hat nicht reagiert. Dann bin ich geplatzt und jetzt richtet sie sich nach mir."* Offenbar gibt es Menschen, bei denen es nicht angebracht ist, lieb und freundlich zu sein. Vor allem Menschen mit einem starken Macht- und Überlegenheitsstreben kennen oft nur die deutliche Sprache der Kritik. Sie sind es nicht gewohnt, auf andere Menschen einzugehen. Wenn man bei ihnen zu freundlich ist, macht man sich zwar beliebt, aber auf die Durchsetzung der eigenen Bedürfnisse müsste man verzichten. Manchmal muss man also einen Freund erschüttern, um den gewünschten Erfolg zu erreichen. Insofern kann ein sanftes, vornehmes Verhalten mitunter auch falsch sein. Zudem wirken die Ratschläge Carnegies recht manipulativ. Ein Bekannter meinte einmal, er wolle seinen „Freunden nicht Honig ums Maul schmieren", um dann seine Kritik einschmuggeln zu können. Für ihn seien Ehrlichkeit und Geradlinigkeit die Basis einer Freundschaft. Doch auch er musste zugeben, dass man bei den meisten Menschen mit Freundlichkeit viel weiter kommt als mit Aggressionen. Das wusste auch der amerikanische Präsident Lincoln, als er vor beinahe hundert Jahren schrieb: *„Es ist eine alte Wahrheit, dass ein Tropfen Honig mehr Fliegen fängt als ein ganzer Liter Galle". Will man einen Menschen von einer unangenehmen Einsicht überzeugen, so kann man ihm mit ein wenig 'Honig' das Herz öffnen, damit er unseren Worten lauscht.*

Es ist gar nicht notwendig, jedem Konflikt und Streit aus dem Weg zu gehen. Man sollte es nur geschickt anstellen. Plutarch nannte dies die Kunst, die Offenheit mit dem Takt zu verbinden. Wir sollten uns in der Kultur des Streitens üben und immer schauen, ob wir mit unseren Mitteln Erfolg haben oder nicht. Bei den meisten Menschen wird man feststellen, dass sie auf eine freundlich vorgetragene Kritik eher eingehen können. Bei ihnen wäre es falsch, hart aufzutrumpfen. Das ist auch das Thema des schönen Märchens von der Sonne und dem Wind. *„Die beiden stritten sich, wer stärker wäre. Der Wind sagte: 'Ich werde dir beweisen, dass ich es bin. Du siehst da den alten Mann mit dem Rock – ich wette mit dir, ich kann ihn schneller dazu bringen, den Rock auszuziehen, als du es kannst!*

Die Sonne verschwand also hinter einer Wolke, und der Wind blies, bis er zum Sturm wurde, aber je stärker er blies, desto fester hüllte sich der Mann da unten in seinen Rock. Schließlich beruhigte sich der Wind und gab es auf, und nachher kam die Sonne wieder hinter der Wolke hervor und lächelte freundlich auf den alten Mann hinunter. Plötzlich wischte der sich über das Gesicht und zog seinen Rock aus. Auch die Sonne wollte damit dem Wind nichts anderes sagen, als dass man mit Wärme und Freundlichkeit mehr erreicht als mit 'Anblasen'."[62]

Die positiven Eigenschaften nicht vergessen

Die meisten Menschen neigen dazu, im Streit die positiven Eigenschaften des Freundes zu verdrängen. Sie sehen dann nur noch die Fehler des Freundes und sind entsprechend unfreundlich zu ihm. Aus diesem Grunde setzt die Streitkultur eine besondere Eigenschaft voraus, die von den Psychoanalytikern als Ambivalenzfähigkeit bezeichnet wird. Man soll sich bewusst sein, dass ein Mensch zugleich positive und negative Eigenschaften hat und das Schwarz-Weiß-Denken aufgeben. Es ist doch oft merkwürdig: erst streiten wir uns 'bis aufs Messer' und dann sind wir wieder 'ein Herz und eine Seele'. Ist es nicht besser, wenn wir das Schiff der Freundschaft etwas mehr im mittleren Fahrwasser halten? Wenn wir immer daran denken, dass unser Freund sowohl positive als auch negative Fähigkeiten besitzt. Das wird uns davor bewahren, ihn blind zu überschätzen und bei einem Streit werden wir etwas freundlicher mit ihm umgehen.

Von den eigenen Schwächen erzählen

Zur niveauvollen Streitkultur gehört auch eine gewisse Nachgiebigkeit. Man muss dem anderen zuhören und zu verstehen suchen, was er meint. Der Freund könnte ja auch Recht haben. Es geht immer wieder darum, Brücken der Verständigung zu schlagen. Dazu ist es nützlich der Freundin auch von den eigenen Schwächen zu erzählen. Bei einem Konflikt ist es doch selten so, dass nur einer Schuld hat. Man entwaffnet die Freundin gleichsam, indem man schon vorher einräumt, vermutlich habe man selbst Fehler gemacht. Auch uns sei das Problem nicht vollkommen fremd.

Schon Plutarch warnte davor, bei einem Streit arrogant aufzutreten. Denn wer „von oben herab den anderen heruntermacht, so als wäre er intakt" fällt meist dem anderen auf die Nerven, ohne ihm durch seine Belehrungen zu nützen.[63] Diese Erfahrung hatte der 28-jährige Elektroniker Peter bereits häufig gemacht. Er regte sich oft darüber auf, dass ihm seine Freunde nicht zuhörten und hielt ihnen dann früher regelrechte Vorträge, was er unter Hilfsbereitschaft verstehen würde. In der Therapie machte ich ihn darauf aufmerksam, dass er oftmals so weitschweifig und erregt reden würde, dass seine Freunde sicher Kopfschmerzen beim Zuhören bekämen. Meine Worte lösten bei ihm eine große Betroffenheit aus und er wirkte zunächst recht beleidigt. Doch nach einigen Wochen kam er wieder und meinte: *„Sie haben ja Recht. Ich habe die anderen wirklich überfordert. Kürzlich habe ich meinen besten Freund angerufen und ihm gesagt: 'Ich habe immer zu viel geredet und wahrscheinlich fiel es Dir schwer zuzuhören. Bitte sage es mir in Zukunft, wenn ich Dich mit meinen Problemen erschlage.' Daraufhin hat er mir dann eingeräumt, dass er mir oft gar nicht mehr zugehört hat. Er hätte einfach abgeschaltet und versprach mir nun, meinen Redeschwall in Zukunft etwas zu bremsen."*

Die Operation

Um eine ruhige Streitatmosphäre zu gewährleisten, ist es im Allgemeinen sinnvoll, die Auseinandersetzung nicht im Zorn zu führen. Das lässt sich allerdings nicht immer vermeiden. Manchmal ist man so empört über Handlungsweisen oder Äußerungen des Freundes bzw. der Freundin, dass es aus einem herausplatzt. Doch meist bereut man später, was man dem Freund alles 'an den Kopf geworfen' hat. Erfahrungsgemäß ist es daher günstig, ein bis zwei Tage abzuwarten, um dann in Ruhe ein Gespräch zu führen. In dieser Zeit arbeitet der Konflikt ohnehin in uns weiter. Ein Stimmungsgemisch aus innerer Unruhe, Gekränktheit, Angst und Wut hindert uns oft daran, die Freundschaft wirklich ruhen zu lassen. Vor allem bei schweren Konflikten neigen wir dazu, mit anderen zu reden und auch über die Fehler des Freundes zu 'schimpfen'. Das ist oftmals richtig, da man sich auf diese Weise zunächst abreagieren kann, bevor man mit dem Freund über die Unstimmigkeiten spricht. Indem man mit anderen redet, kann man sich möglicherweise auch eine Einschätzung der Schwierigkeiten erarbeiten, was manchmal zu einer gelasseneren Haltung führt. Doch derartiges Reden oder Schimpfen über den Freund kann auch problematisch sein. Eine offene Aussprache ist bei einer echten Freundschaft sicherlich angemessener. Darauf hat auch ein Schüler in einem Aufsatz hingewiesen. Er meint: *„Ein aufrichtiger Freund ist ein Mensch, der einem hässliche Dinge ins Gesicht sagt, anstatt sie hinter dem Rücken zu verbreiten."* Auch der deutsche Dichter Matthias Claudius riet seinem Sohn, er solle gegenüber Dritten die Fehler eines Freundes entschuldigen. Zwar müsse er dessen Fehler keineswegs übersehen. Doch gegenüber anderen solle er zu ihm halten. Es sei falsch, jemanden schnell zu seinem Freund zu machen, *„ist er's aber einmal, so muss er's gegen den dritten Mann mit allen seinen Fehlern sein. Etwas Sinnlichkeit und Parteilichkeit für den Freund scheint mit zur Freundschaft in dieser Welt zu gehören."*[64]

Streiten ist Charaktersache

Diese Hinweise wirken ziemlich einfach und sind doch sehr schwer zu verwirklichen. Jeder streitet eben zunächst einmal so, wie es seinem Charakter entspricht. Der eine poltert los und der andere zieht sich zurück und schweigt. Um wirklich konfliktfähig zu werden, bedarf es meist vieler Versuche und man muss viele Ängste überwinden. Oft braucht man dazu ein halbes Leben. Erst heute sagte mir ein Freund, der großen Ärger mit einem entfernteren Freund hat: *„Es ist sehr schwierig Konflikte zu klären. Früher habe ich immer abgewartet,* *stand sehr unter Druck und bin dann geplatzt. Irgendwie geriet ich immer in Panik. Konflikte haben tiefe Ängste in mir ausgelöst. Jetzt bin ich 45 Jahre alt und beginne, Konflikte endlich ruhiger durchzustehen. Mittlerweile bin ich im Streiten etwas geschickter geworden."* Es erfordert also große innere Bemühungen, um wirklich die Kunst des Streits zu erlernen. Und erst wenn wir diese Streitkultur beherrschen, werden wir der Erkenntnis des indischen Sprichworts gerecht: *„Nur die sind echte Freunde, die einem Heilsames sagen, auch wenn es weh tut; alle anderen sind nur dem Namen nach Freunde."*

Die Kunst der Versöhnung

Nachdem ein Streit beigelegt ist, sollte man in der Lage sein, wieder die Brücke der Freundschaft zu betreten. In der Situation des Streits verhalten sich Freunde doch eher wie zwei feindliche Heere, die am gegenüberliegenden Ufer liegen und sich mit Worten beschießen. Beherrschen wir diese Kunst der Versöhnung nicht, kann es passieren, dass durch eine Stimmung aus Gekränktheit und Misstrauen die Freundschaft brachliegt und sich von dem Konflikt nicht wieder erholt.

In einem ungewöhnlichen Maße versöhnungsbereit war der Schriftsteller Émile Verhaeren. Über ihn schreibt Stefan Zweig: *„Seine feine Natur wehrte sich gegen jeden Widerstreit, und ich erinnere mich noch jener unvergesslichen Stunde, da er in Brüssel einmal strahlend zu Tisch kam, wie einer, dem ein großes, unverhofftes Glück widerfahren ist. Wir fragten ihn aus und lächelnd und gutmütig wie ein Knabe erzählte er, er habe sich mit dem letzten seiner Feinde versöhnt, der ihm seit zwanzig Jahren in erbitterter Weise gegenüberstand. Zufällig hätte er ihn in Brüssel im Klub getroffen, und der alte grollende Gegner war mit fremdem, befangenem Blick an ihm vorbeigegangen. 'Da schien mir', er-*

zählte Verhaeren, 'der Gedanke, dass ein lebender und wertvoller Mensch, mit dem ich einmal in der Jugend befreundet war, mir auswich und gewissermaßen mich negieren wollte, so lächerlich und kindisch, dass ich mich schämte, ein solches Gefühl auch nur scheinbar zu teilen.' Und spontan ging er auf seinen Gegner zu und reichte ihm die Hand. Strahlend kam er damals zurück. Nun war keiner auf der weiten Erde mehr wider ihn, er durfte wieder alle lieben, um allen zuteil zu sein. Nie habe ich ihn heiterer gesehen als an jenem Tage, da er zurückkam und erzählte: 'Ich habe keinen Feind mehr'."[65]

Wahrscheinlich ist die Versöhnungsbereitschaft eine Frage des Charakters. Meine eigene Versöhnungsbereitschaft hat Grenzen. Warum soll ich mich mit allen Menschen gut verstehen? Ich bin zwar harmoniebedürftig und würde gern mit allen Menschen im Einklang leben. Doch manche Menschen haben Verhaltensweisen, die ich als so störend und kränkend empfinde, dass ich mit ihnen nichts mehr zu tun haben will. Obwohl ich Gefühle des Grolls oder des Hasses kaum kenne, möchte ich mich mit diesen Menschen nicht versöhnen und alle Konflikte einfach vergessen – auch wenn sie früher zu meinem Freundeskreis gehörten. Davor warnt auch Arthur Schopenhauer, denn so würde man kostbare Erfahrungen zum Fenster hinauszuwerfen. Menschen könnten sich nicht wirklich ändern und würden immer wieder so handeln. Schopenhauer beruft sich auf den römischen Dichter Horaz, der die Meinung vertrat, die Natur eines Menschen würde immer wiederkommen, auch wenn man sie mit der Heugabel austriebe. Also könne es nur darum gehen, die Fehler des anderen zu tolerieren und uns auf die charakterlichen Eigenarten der Freunde einzustellen. Es hat ja wirklich keinen Sinn, dass wir uns immer wieder über die gleichen Charaktereigenschaften der Freunde ärgern, möglicherweise auch mit ihnen streiten. Wir müssen die Welt schon nehmen wie sie ist und uns freuen, wenn sich überhaupt ein Freund einmal ändert. Glücklich können wir sein, wenn wir uns selbst ändern, nachdem wir einen Fehler erkannt haben. Ansonsten haben wir bei allen Freundschaften die einfache Frage zu beantworten: ist uns der Freund so wertvoll, dass wir seine Fehler in Kauf nehmen? Sollten wir diese Frage negativ beantworten, wäre eine Trennung der konsequente Weg.[66] Und doch bin ich versöhnungsbereit, wenn ich frühere Freunde wieder treffe oder wenn sie anrufen. Das Leben ist zu kurz, um sich dauerhaft zu ärgern und meine eigene Konfliktfähigkeit ist daher von einer gewissen Nachgiebigkeit geprägt, die ich auch bei anderen sympathisch finde.

> Es ist ganz klar, dass es nur schwer ist,
> sich seine Freunde zu erhalten,
> nicht zu gewinnen.
> *Die Gespräche des Pietro Aretino*

Die Freundschaften im Wandel des Lebens

Von einem guten Freund erwarten wir vor allem, dass er treu ist, dass er in Krisensituationen zu uns hält. Wir haben die Sehnsucht, uns wirklich auf einen Menschen verlassen zu können. Deshalb streben wir eine kontinuierliche Freundschaft an, die uns Halt und Sicherheit gibt. So wie ein wärmender Mantel soll die Freundschaft ein Schutz vor den kalten Stürmen des Lebens sein. Diese Hoffnung ist nicht ganz unberechtigt. Ein wahrhaft verlässlicher Freund kann unser Leben enorm stabilisieren. Oft haben Menschen Freundschaften, die ihr gesamtes Leben begleiten. Häufig sind diese Freundschaften in der Schulzeit entstanden. Als Erwachsener sieht man sich dann einige Male im Jahr und erfährt, was sich in der Zwischenzeit ereignet hat. Vor allem Frauen haben eine große Begabung, lebenslange Freundschaften zu pflegen. Sie sind Jahrzehnte mit Frauen befreundet, die ihre Hochzeit, die Geburt der Kinder, Scheidung und Krankheiten miterlebt haben.

Wesentlich intensiver, allerdings auch krisenanfälliger sind jene Freundschaften, bei denen man sich häufiger sieht. Auch diese Freundschaften können lebenslang halten, wobei jedoch meist größere Schwankungen auftreten. Dies musste auch die 27-jährige Beate leiten, die auf Verlässlichkeit immer großen Wert gelegt hat. Jedenfalls hat sie jetzt eine Freundin, die mit ihr wirklich durch 'dick und dünn' geht. In einem längeren Gespräch sagte mir Beate: „*Meine Freundin*

153

war auch in schwierigen Zeiten für mich da. Sie ist wie ein
Fels im Strudel des Lebens. Sie ist ein sehr gutmütiger
Mensch und immer sehr hilfsbereit. Aber es gab auch Zeiten,
in denen es zwischen uns ziemlich schwierig wurde. Nach-
dem ich geheiratet hatte, zog ich mich etwas von ihr zurück
und erzählte nun vieles meinem Mann. Wir brauchten eine
neue Basis und haben uns einmal einige Monate nur selten
gesehen. Es reichte nicht aus, dass wir nur über unsere Lie-
besprobleme redeten. Irgendwie wurde das langweilig. Wir
haben das beide gemerkt und dann verstärkt begonnen auch
über andere Dinge zu sprechen. Beispielsweise teilten wir uns
mit, was wir beide gelesen hatten. Oder wir gingen ins Thea-
ter. Und natürlich reden wir bald auch über unsere Männer ...
Ich kann mich auf meine Freundschaft verlassen, weil wir uns
beide immer wieder verändert haben. Nur durch Wandel ist
Stetigkeit im Leben möglich."

Die Freundschaftspause

In einer guten Freundschaft besteht ein ständiger Wandel. Sie
lebt vom Austausch der Gefühle, anregender Gedanken und
Ideen. Doch nicht nur die Beziehung, auch man selbst sollte
sich in einem fortwährenden Entwicklungsprozess befinden.
Wenn man nichts Aufregendes mehr erlebt, nicht mehr mit
dem Leben ringt, keine Konflikte, Sorgen und Leidenschaft
mehr kennt – redet man nur noch über Krankheiten und das
Wetter. Dann erstarrt eine Freundschaft in der Routine des
Alltags und wird langweilig. Und diese Erstarrung zeigt sich
auch darin, dass einseitige Rollenmuster nicht mehr überwunden werden können. Der eher passive Freund kann sich
beispielsweise nicht vom ständig bestimmenden emanzipie-
ren. Dann ist es manchmal durchaus sinnvoll, dass man eine
'Freundschaftspause' einlegt, um grundlegende Veränderungen zu ermöglichen. Wenn man sich schließlich nach einigen

Wochen oder Monaten wieder regelmäßig sieht, kann inzwischen jeder von ihnen – ein wenig – ein anderer geworden sein. Die Beziehung kann dann – hoffentlich – auf einem anderen Entwicklungsstand gleichsam neu aufgenommen werden. Das ist auch die Erfahrung der 24-jährigen Studentin Monika: *„Ich bin seit sechs Jahren sehr eng mit einer sehr lebendigen und bestimmenden Frau befreundet. Da ich etwas zurückhaltend bin, hat sie immer alles entschieden. Es ging stets nach ihrem Kopf: wo wir hingingen, wann wir uns trafen und was wir unternahmen. Vielleicht war es mir am Anfang ganz recht, dass sie alles entschied. Doch im Laufe der Jahre wurde ich selbstbewusster und das hat sie gar nicht mitbekommen. Wir haben uns dann über ein halbes Jahr lang fast nicht gesehen. In dieser Zeit habe ich viel für mich getan. Ich habe eine Therapie begonnen und mich bemüht, meine Hemmungen zu überwinden. Der Neuanfang war komisch, wir beide gingen vorsichtig miteinander um. Meine Freundin war viel aufmerksamer mir gegenüber als früher, und so habe ich jetzt eine viel aktivere Rolle in der Freundschaft."*

Viele Menschen reagieren auf solche Freundschaftspausen etwas irritiert. Sie haben den Wunsch einer ständigen, verlässlichen Freundschaftsbeziehung. Sie sind sich unsicher, ob sich die Freundin wirklich wieder meldet. Natürlich ist eine solche Freundschaftspause auch ein Beziehungstest. War die Beziehung vorher nicht sehr intensiv, besteht die Gefahr, dass die Freundschaft einschläft. Doch in einer guten Freundschaft wird man weiterhin oft an den Freund denken – auch wenn man keinen Kontakt mit ihm hat. Dann wird man auch Goethe zustimmen können, der einmal meinte: So wie die Pausen zur Musik genauso dazugehören wie die Noten, sei es manchmal auch in Freundschaften sinnvoll, dass man keinen Kontakt miteinander hat.[67] Goethe wusste, dass lang dauernde Freundschaften zeitweilig ruhen müssen. Er tolerierte das Ab- und Zunehmen der Freundschaft und riet deshalb seiner Frau: *„Wer sich nähert, Den stoßt nicht zurück und*

wer sich entfernt, Den haltet nicht auf, und wer wieder-
kommt, Den nehmt auf, als wenn er nicht weg gewesen
wäre."[68] Diese Haltung Goethes half mir in den letzten Jahren mit Freundschaftspausen ruhiger umzugehen. Ich empfand keinen inneren Groll, wenn sich Freunde wieder melde-
ten, die sich für einige Zeit von mir entfernt hatten. Zwar
fragte ich sie irgendwann, warum sie sich zurückgezogen hatten. Doch ich empfand ihren Rückzug nicht als Majestätsbe-
leidigung und war offen für einen Neubeginn.

Der Verlust von Freunden

Während einer Freundschaftspause wird man sich manchmal
auch die Frage stellen, ob man sich nicht lieber ganz zurückzieht. Oft ist man unentschlossen und schwankt hin und her.
Vor allem jungen Menschen wird es deshalb so gehen wie
dem 23-jährigen Studenten Emanuel, der nachdenklich
meinte: *„Wenn eine Freundschaft schwierig wird, ziehe ich*
oft Bilanz. Ich frage mich immer, was mich eigentlich an der
Freundschaft hält. Und ich habe mich dann schon um viele
Freundschaften nicht mehr gekümmert. Sie sind eingeschla-
fen. Ich finde es immer als ein Wunder, wenn alte Menschen
erzählen, dass sie ganz beständige Freundschaften haben, die
ihr Leben begleiten." Das wusste schon der römische Staatsmann Cicero. Er meinte, nichts sei „schwerer, als dass eine
Freundschaft bis zum letzten Lebenstage fortbestehe."[69]

Einmal las ich in der Zeitung, wie man sich am besten
von Freunden trennen könnte. Dazu zählt der Ratschlag, wie
man Freunde fortbeleidigt und dadurch eine Beziehung geradezu sprengt. Ich habe selten eine solche Trennung angestrebt, meist hat sich die Beziehung eher zerfasert, der Freund
ist beispielsweise von Platz 4 auf Platz 26 meiner Freund-
schaftsskala gerutscht. Und ich habe oft erlebt, dass sich
dann die Beziehung wieder verbesserte. Doch nach verletzen-

den Ereignissen konnte ich auch wütend sein und manchmal war die Trennung von einem Freund unvermeidlich. Aber schmerzhaft ist eine Trennung von einem langjährigen Freund leider immer. Selbst wenn man im Streit geschieden ist, kann man nicht vergessen, dass man viele Jahre miteinander verbracht hat. Der Freund war ein wichtiger Bestandteil des Lebens, der uns nun fehlt. Und wir mögen uns manchmal ärgern, dass die Trennung wegen Kleinigkeiten erfolgte, die sich nicht lohnten. Doch meist erfolgt die Trennung nicht nur wegen kleinlicher Streitpunkte. Oft ist die Freundschaft schon längst am Ende, man hat sich bereits auseinandergelebt, bevor man auseinandergeht. Manchmal haben wir uns selbst stark verändert und der Freund ist mehr oder minder in seiner Entwicklung stehen geblieben oder hat einen anderen Weg beschritten. Irgendwann hat man sich nichts mehr zu sagen und man muss auseinandergehen, um den Rest der ehemaligen Zuneigung in positiver Erinnerung behalten zu können. Trennt man sich nicht, dann geschieht, was Nietzsche meines Erachtens etwas zu dramatisch gesehen hat. Er ist der Ansicht, dass dann unsere Freunde zu Gespenstern unserer eigenen Vergangenheit werden: *„ihre Stimme tönt schattenhaft-schauerlich zu uns heran – als ob wir uns selber hörten, aber jünger, härter, ungereifter."*[70]

Freundschaften wie Humusschichten

In Zeiten heftiger Veränderungen (z.B. einem Umzug in eine andere Stadt, beruflicher oder familiärer Neuorientierungen oder auch persönlicher innerer Wandlungen) kann es passieren, dass wir uns von einem ganzen Freundeskreis entfernen. Möglicherweise fühlen wir uns daraufhin zunächst sehr einsam. Doch jeder echte Wandel führt auch dazu, dass man wieder andere interessante Menschen kennenlernt. So werden aktive Menschen die notwendigen Veränderungen wagen und sich notfalls neue Freunde suchen. Manchmal gehört die Erneuerung der Freundschaften zum Leben dazu wie der Wechsel der Jahreszeiten. Kürzlich las ich einen schönen Vergleich, der mich sehr beruhigt hat: *„Freundschaften erneuern sich ebenso langsam, aber ebenso notwendig wie Humusschichten. Der eine stirbt, ein anderer gleitet aus unsrer Welt, ein dritter dringt in sie ein und führt eine neue Schar herbei.“*[71]

Die alten und neuen Freunde

Allerdings sind die neuen Freunde nicht immer besser als die alten. Deshalb werden viele Menschen mit zunehmendem Alter in punkto Trennungen etwas bedächtiger. In jüngeren Jahren sind wir eher bereit, uns verhältnismäßig schnell zu trennen. Man hat noch nicht die Toleranz und die Weisheit des Alters gewonnen. Man verfügt noch nicht über die Erkenntnis, dass in irgendeiner Weise alle Menschen schwierig sind – auch man selbst ist ja nicht fehlerlos und hin und wieder nur schwer zu genießen. Im Laufe des Lebens wird man oft etwas nachsichtiger. Dann erträgt man mehr oder weniger stirnrunzelnd die Fehler seiner alten Freunde und vergisst nicht, gleichzeitig ihre positiven Seiten zu schätzen. Ich fand es eindrücklich, in wie vielen Sprichwörtern diese Bedeutung der alten Freunde für unser Leben hervorgehoben wird. Ich habe zwei Sprichwörter ausgewählt:
„Ein alter Freund ist besser als zwei neue.“
„Alte Freunde und alten Wein muss man zusammenhalten.“

Als ich in einem Freundschaftskurs diese Sprichwörter den älteren Teilnehmern vorlas, reagierten sie etwas verhalten. „Das ist schon richtig, aber das hört sich so konservativ an“, monierte eine Dame. Alle waren deshalb erleichtert, als ich noch einen Spruch von Theodor Fontane vortrug: *„Ein alter,*

*bewährter Freundeskreis ist unbezahlbar, aber es reicht nicht
aus, wenn nicht frische Elemente gelegentlich hinzukom-
men.*"[72]

Freundschaften im Alter

Freundschaften sind in allen Lebensphasen wichtig. Besonders bedeutsam sind sie jedoch in der Jugend und im Alter.
Die Jugend gilt als der Höhepunkt der Freundschaften. Dies
zeigt sich bereits daran, dass wir in jener Zeit die meisten
Freundschaften haben. Sie entstehen in der Schulzeit und der
Lehre bzw. Universität, wo man viele Gleichaltrige ständig
sieht. Doch bereits im frühen Erwachsenenalter verringert
sich die Zahl der Freunde, denn dann interessieren wir uns
meist stärker für die Liebe. Und wenn wir schließlich nach
der Ablösung vom Elternhaus eine eigene Familie gegründet
haben und einem Beruf nachgehen, vernachlässigen wir im
Allgemeinen die Freundschaften. Wir haben viel zu tun, kommen kaum zum Nachdenken und haben für die Freunde
wenig Zeit. Dies ändert sich bei vielen Frauen, wenn die Kinder etwas älter geworden sind. Und auch bei den Männern
ändert sich dieser Zustand des Zeitmangels oft abrupt im
Alter. Nach der obligaten Abschiedsfeier am Arbeitsplatz
haben sie plötzlich sehr viel Zeit, mit der sie oftmals nicht
sinnvoll umgehen können. Sie sehen sich mit dem Problem
der Einsamkeit konfrontiert und brauchen ihre Freunde mehr
denn je. Nun zeigt sich, ob sie wirklich gute Freunde haben
und selbst freundschaftsfähig sind. Es ist tragisch, wenn jemand so spät spürt, dass er nie Freunde hatte. Im Alter ist
man kaum in der Lage, plötzlich die Kunst der Freundschaft
zu erlernen. Dostojewski meinte sogar, die ganze zweite
Hälfte des Lebens bestehe aus den in der ersten Hälfte ange-
nommenen Gewohnheiten. Bereits von Kindheit und Jugend
an erlernen wir bestimmte soziale Verhaltensweisen, die wir

im späteren Leben vervollkommnen, aber kaum gänzlich verändern können. Ob und wie wir im Alter Freundschaften haben, hängt also davon ab, inwieweit wir bereits in der Jugend und als Erwachsene die Kunst der Freundschaft gepflegt haben.

Es wird uns oft empfohlen, sich auf das Alter vorzubereiten. Die meisten Menschen tun dies nur im Sinne einer finanziellen Absicherung. Doch die Vorbereitung auf das Alter sollte auch soziale und geistige Interessen beinhalten und müsste spätestens mit etwa 45 Jahren beginnen. Damit ist natürlich nicht gemeint, dass man sich von da an darauf einrichten soll, dass das Leben dem Ende zugeht. Es geht vielmehr darum, eine neue tiefgründigere Dimension des Lebens zu entdecken. Nachdem man sich bis Mitte der vierziger Jahre vor allem beruflich genügend abgerackert hat, könnte man sich nun stärker auf ein sozial-geistiges Leben einstellen, zu dem auch Freundschaften gehören.

Ist man erst im Alter freundschaftsfähig?

Inzwischen können wir Durchschnittsmenschen hoffen, über 80 Jahre alt zu werden. Die Lebenserwartung einer 60-jährigen Frau liegt sogar bei 85 Jahren. Wenn wir also mit 65 Jahren in Rente gehen, haben wir vielleicht noch etwa 20 Jahre vor uns. Insofern sind die Jahre des Alters nach der Kindheit und dem Erwachsenenalter ein dritter Lebensabschnitt, den es zu gestalten gilt. Dabei hat das Leben hat nur Wert, wenn wir sinnvolle Ziele verfolgen und zu lieben und zu hoffen verstehen. Und wir brauchen Freunde. Gerade das Alter mit seiner Möglichkeit, Weisheit und Geduld zu erlernen, könnte sehr förderlich für die Kunst der Freundschaft sein. In diesem Lebensabschnitt hat man die Welt und sich selbst bereits kennengelernt, hat Erfolge gefeiert und Enttäuschungen erlitten. Dieser Erfahrungsschatz kann ein fruchtbarer Nährboden für eine gelassene Lebenseinstellung sein. Natürlich gibt es sehr viele Menschen, die im Alter eher starrsinnig werden. Doch es gibt auch Menschen, die sich vor allem im Alter in einem interessanten Entwicklungsprozess befinden. Endlich haben sie die innere Ruhe, dem anderen bereitwillig zuzuhören. Sie kreisen nicht mehr unaufhörlich um sich selbst. Sie nehmen nicht mehr so leicht so vieles übel, erhoffen nicht mehr zu viel und sind deshalb beziehungsfähiger. Sicher erscheinen Altersfreundschaften – verglichen mit den leidenschaftlichen Busenfreundschaften der Jugend – weniger aufregend. Man verschenkt und verliert sich nicht mehr bedenkenlos. Doch Freundschaften im Alter haben ihren eigenen Wert. Sie können tiefgründiger und beständiger als die stürmischen Freundschaften der Jugend sein.

Ist man nicht erst im höheren Alter wirklich beziehungsfähig, wenn man nicht ständig von eigenen Ängsten, Leidenschaften und kleinen Eitelkeiten hin- und hergetrieben wird? Hat nicht Cicero recht, wenn er meint, feste Freundschaften gebe es erst in der Reife des Alters? Eine 63-jährige Dame bejahte diese Frage nachdrücklich und meinte: *„Ich habe das ganze Leben damit zutun gehabt, halbwegs klarzukommen. Jetzt habe ich es endlich geschafft. Ich verstehe mich ein wenig besser und auch meine Mitmenschen. Erst jetzt bin ich wirklich freundschaftsfähig. Ich bin ruhiger geworden und schaue genauer hin, mit wem ich eine Freundschaft beginne. Ich bin gelassener, wenn es einmal einen Konflikt gibt. Ich bin viel selbständiger und will nicht mehr mit einer Freundin verschmelzen. Also ich finde: richtig freundschaftsfähig ist man erst ab sechzig.“*

Die Einsamkeit im Alter

Für viele Menschen ist es nicht leicht, den letzten Lebensabschnitt sinnvoll zu gestalten, nachdem sie ein Leben lang hart arbeiten mussten und wenig zur Besinnung kamen. Vor allem körperliche Krankheiten und Einsamkeit im Alter führen zu massiven Krisen, jeder dritte Selbstmord wird von einem über 65 Jahre alten Menschen begangen. Zwar äußerten in einer repräsentativen Umfrage im Jahre 2006 nur 21% der Befragten über 65 Jahre, sie hätten Angst, einsam zu sein. Dies weist darauf hin, dass auch im Alter die sozialen Bindungen tragfähig sind, wobei vor allem Kinder und die Partnerschaft wichtig sind. Besorgniserregend ist allerdings die Zahl der verwitweten Frauen, die ohne Männer zurückbleiben. Alarmierend ist vor allem, dass 51% der Frauen, die sich töten, älter als 60 Jahre sind. Oft haben sie sich aufopferungsvoll um ihren Mann gekümmert, der dann verstorben ist. Und meist haben sie es längst aufgegeben, wieder einen neuen Partner zu finden. Die Wunschfrau älterer Männer ist fünfzehn Jahre jünger. Und so sind gerade diese Frauen mit der Einsamkeit konfrontiert. Ihnen fällt es oft schwer, in ausreichendem Maße neue Freunde zu finden.

Bereits Simone de Beauvoir stellte fest, dass sich bei über der Hälfte der alten Menschen die soziale Aktivität vom 50. Lebensjahr an verringert. Das hat sich inzwischen erfreulich verändert. Doch die Mehrheit der alten Menschen wird tatsächlich erleben, dass sich der Freundeskreis von Jahr zu Jahr durch Konflikte und Todesfälle verkleinert. Und auch mit den Zurückgebliebenen treffen sich die älteren Menschen in vielen Fällen mit fortschreitendem Alter immer seltener. Teilweise sind sie bettlägerig, andere hören kaum noch und viele leben fast nur noch im Reich der Vergangenheit. Jetzt käme es darauf an, neue Freundschaften zu finden. Aber dazu fühlen sich viele ältere Menschen nicht in der Lage. Beispielsweise war der berühmte schwedische Ingenieur Alfred Nobel überzeugt, man schließe doch nicht in vorgerückten Jahren noch Freundschaften. Wie er scheuen sich viele ältere Menschen, die Anstrengungen auf sich zu nehmen, die der Beginn einer Freundschaft erfordert. Sie gewöhnen sich eher daran,

allein zu sein und hängen ihren Gedanken nach. Deshalb gleichen die Freundschaften vieler alter Menschen der Geschichte von den 'zehn kleinen Negerlein'. Immer wieder
stirbt ein Freund und je älter man wird, desto öfter trifft man
manchen Freund hauptsächlich auf Beerdigungen. Man spürt
mit der Zeit immer deutlicher, dass das Ende naht. Nicht
jeder hat dann den Lebensmut eines Goethe, der immer etwas
erzürnt darüber war, dass sich seine Freunde so früh aus dem
Leben fortstahlen. Als sein Freund Sömmering starb, murrte
er: „75 Jahre alt! ... was für Dummköpfe sind doch die Menschen, dass sie nicht den Mut haben, länger auszuhalten als
das.“[73] Goethe reagierte wohl auch deshalb so verstimmt,
weil der Tod guter Freunde immer ein schwerer Verlust ist.
„Nichts wiegt den Schatz so vieler gemeinsamer Erinnerungen auf... Solche Freundschaften lassen sich nicht ersetzen.
Wenn man eine Eiche pflanzt, darf man nicht die Hoffnung
hegen, nächstens in ihrem Schatten zu ruhen. So geht das
Leben. Wir haben uns Schätze erworben, wir haben jahrelang
gepflanzt. Aber dann sind Zeiten gekommen, in denen böses
Wetter die Arbeit vernichtet und die Wälder gelichtet hat.
Einer um den andern sind die großen Bäume gestürzt, einer
um den anderen haben uns die Kameraden verlassen. Und in
unsere Trauer mischt sich leise der Kummer, dass das Altern
beginnt.“[74]

Wahre Freunde sterben nicht

Am Lebensende ist es ein unerträglicher Gedanke, dass nun
alles vorbei sein soll. Hat das Leben überhaupt einen Sinn,
wenn schließlich doch alles zu Staub zerfällt? Der Gedanke
der Unsterblichkeit, der in allen Religionen vorhanden ist,
zeigt, dass sich die Menschen nicht mit dem Tod abfinden
wollen. Goethe hat stets darauf hingewiesen, dass wir alle
vor der Aufgabe stehen, uns im Leben aktiv ein Stück Un-

sterblichkeit zu erwerben. In unseren Kindern, unseren Werken und Freunden leben wir fort. Jeder Gedanke an uns, macht uns wieder lebendig. Insofern können unsere wichtigen Freunde nicht wirklich tot sein. Sie sind zwar nicht mehr da, wir haben sie verloren und hören nicht auf um sie zu trauern, *„aber sie stehen immer mitten in unserem Lebenskreis: oft vernehmen wir ihre Stimmen, im Schlaf oder im Wachen; oft verspüren wir den festen, gelassenen Druck ihrer Hand, mit keiner anderen Hand zu verwechseln oder zu vertauschen. Selbst wenn wir ihre Gräber nicht kennen, halten wir sie immer frisch. Sie sind mit uns, sie trinken aus unsrem Glas, und sie gehen durch unsere Stuben. Denn die Freunde sterben nicht."*[75]

Freundschaft und Liebe

„Du schreibst im vorigen Kapitel auch etwas über die Freundschaften im Alter. Ich fand das sehr spannend und habe gelernt, dass man sich sehr früh auf das Alter vorbereiten muss. Aber vergisst Du nicht dabei, dass wir das Leben noch vor uns haben? Und zum Leben gehört immer die Liebe. Schreibe doch auch etwas über das Thema Freundschaft und Liebe" – mahnte mich meine Schwester beim Korrekturlesen. Bald darauf telefonierte ich mit einem 37-jährigen Kollegen und fragte ihn, was er von diesem Vorschlag halte. „Freundschaften sind wichtig, aber sie reißen mich nicht vom Hocker. Leidenschaftlich bin ich nur, wenn es um eine Frau geht. Ich träume jeden Abend davon, mich wieder zu verlieben und mit einer netten Frau im Bett zu liegen„, antwortete er mir. Ich war zwar sehr verblüfft. Dennoch konnte ich verstehen, dass er die Bedeutung von Freundschaften so gering einschätzte. Wer gerade eine Partnerschaft sucht, Liebesgedichte schreibt oder stundenlang mit 'ihm' bzw. 'ihr' telefoniert, kann den Wert der Freundschaft nicht recht ermessen. Für ihn ist die Freundschaft vor allem eine Möglichkeit, um zunächst über seine Liebesgefühle, dann die Partnerschaftskonflikte und später über den Trennungsschmerz zu reden. So heißt es auch bei La Bruyere: *„Wer eine große Liebe kennengelernt hat, vernachlässigt die Freundschaft..."*[76]

Viele Verliebte und solche, die es werden wollen, sehen die Freundschaft nur als 'Liebe ohne Sexualität' an. Doch wer einige Trennungen vom jeweiligen Liebespartner erleiden musste, wird dem Spruch beistimmen können: 'Partner kom-

men und gehen, doch die Freundschaften bleiben bestehen.'
Diesen Spruch beherzigte auch ich als junger Mensch, da
Freundschaften für mich aufgrund einiger komplizierter Part-
nerschaften sehr wichtig waren. Sie waren für mich eine tra-
gende Säule des Lebensgefühls und ich kann seither als Psychotherapeut beobachten, dass für viele Menschen Freundschaften ein stabilisierender Faktor sind, während der Liebesbereich von Unsicherheiten und Fehlschlägen geprägt ist.

Die Freundschaft ist ein Fels

Die meisten jungen Menschen interessieren sich allerdings
mehr für den Liebesbereich. Verständlicherweise erliegen sie
der Verlockung, mit einem Partner sehr eng zusammen zu
sein. Freundschaften bieten diese Form der Nähe nicht und erfordern trotzdem mehr Beziehungsarbeit. In einer etwas ironi-
schen Art und Weise meinte ein 50-jähriger Unternehmer
kürzlich während einer Diskussion: *„Um eine Frau muss ich
am Anfang nur einige Wochen werben und ihr hin und wieder
Rosen schenken. Aufgrund dieser Anstrengungen bin ich dann
überwiegend mit ihr zusammen und habe mein ‚Beziehungs-
problem' gelöst. Doch mit einem Freund bin ich selten zusammen und ich muss mich viel mehr anstrengen, um die Beziehung zu gestalten. Ich muss den Freund anrufen, mich mit
ihm verabreden. Manchmal läuft das Gespräch nicht so automatisch wie in der Partnerschaft. Mit meiner Partnerin kann
ich darüber reden, was ich zum Essen haben möchte und mich
über die alltäglichen Dinge streiten, doch in einer Freundschaft muss schon mehr passieren."* Man muss also schon
recht deutlich die Vorzüge einer Freundschaft sehen, um zu
der anspruchsvollen Beziehungsarbeit bereit zu sein.

Viele Menschen interessieren sich daher mehr für eine
Partnerschaft und erst wenn sie einige Krisen im Liebesbereich erlebt haben, kümmern sie sich wieder verstärkt um

Freundschaften. Nach einer Enttäuschung in der Liebe klingt auch Heinrich Pestalozzis Stellungnahme. Er meint, die Liebe sei nur ein nichtiger Sommertraum, der nicht lange dauert, *„schnell eilen die herbstlichen Tage hinzu, deine Träume verschwinden, und du bist bei deinem Erwachen minder glücklich. Darum lobe ich die Freundschaft, sie ist nicht vorübergehend wie die Träume des Sommers, sie ist wie ein Fels, auf dem ein Haus steht."*[77] Obwohl diese Ansicht Pestalozzis sehr einseitig ist, hat er doch auch ein Stück weit Recht. Wenden wir uns nicht verstärkt der Freundschaft zu, wenn wir von der Liebe enttäuscht sind? Wir kümmern uns in der Jugend sehr intensiv um unsere Freunde, bevor die große Liebe über uns hereinbricht. Und wir sind wieder stärker für die Freundschaft aufgeschlossen, nachdem wir die Beschwernisse der Liebe erlebt haben. Jedenfalls hat diese Tatsache den spöttischen Dichter Heinrich Heine zu der Bemerkung veranlasst: „Hat man die Liebe durch gelebt, fängt man die Freundschaft an."

Töricht ist's, dem sanften Glühen...

Freundschaften verursachen meist weniger Enttäuschungen und Schmerzen, weil sie fast immer ruhiger als Liebesbeziehungen verlaufen. Chamisso urteilt deshalb in seinem Gedicht 'Das Lied von der Freundschaft':

„Töricht ist's, dem sanften Glühen,
Das die Freundschaft mild erregt,
Jene Wunde vorzuziehen,
Die die Liebe grausam schlägt."[78]

Natürlich ist die Freundschaft kein Ersatz für die Glut der Liebe. Doch es hat auch Vorteile, dass Freundschaften weniger aufregend als Liebesbeziehungen sind. Gegenüber Freunden sind wir meist etwas gelassener und erleben geringere Gefühlsschwankungen. Dies hängt auch damit zusammen, dass wir im Allgemeinen in der Freundschaft trotz aller Zuneigung eine vernünftige Distanz wahren können. Die Gefahr einer seelischen Verstrickung ist dadurch wesentlich geringer.

Meist verläuft schon der Beginn einer Freundschaft erheblich ruhiger als bei einer Liebesbeziehung. Man lernt sich kennen und allmählich bildet sich durch gemeinsame Interessen, durch Gespräche und kleine Sympathiebekundungen ein festes Band der Freundschaft. Während Liebende in guten Zeiten 'ein Herz und eine Seele' sind, besteht in einer Freundschaftsbeziehung zwischen Erwachsenen ein vernünftiger Abstand. Beide Freunde bewahren ihre Individualität und überfordern den anderen nicht mit unerfüllbaren Beziehungsträumen. Dieser Unterschied zwischen der Freundschaft und der Liebe lässt Victor Hugo in 'Der Glöckner von Notre Dame' das schöne Zigeunermädchen Esmeralda aussprechen, indem er sie sagen lässt, die Freundschaft sei wie *„Bruder und Schwester, zwei Seelen, die sich berühren, ohne ineinander zu fließen, zwei Finger an einer Hand."* Demgegenüber versuche die Liebe, aus zwei Wesen eines zu machen. Diese Verschmelzungstendenz macht die Liebe viel konfliktanfälliger und krisenträchtiger als Freundschaften, die oft eine große Beständigkeit aufweisen. Freundschaften sind in gewisser Weise 'bodenständiger', was auch durch den Aphorismus *„Freundschaft ist ein Knotenstock zum Reisen, Lieb' ein Stäbchen zum Spazieren gehen"* zum Ausdruck kommt.

Freundschaft zwischen Männern und Frauen

„Was soll ich machen, wenn ich die Vorzüge der Freundschaft erkannt habe und nun eine Beziehung mit einer Frau eingehen will? Ist eine Freundschaft zwischen einem Mann

und einer Frau möglich?" – fragte mich vor einiger Zeit ein Journalist, als ich mich mit ihm über das Thema Freundschaft unterhielt. Er riet mir, ich solle vor allem auch über die freundschaftlichen Beziehungen zwischen Männern und Frauen schreiben. Das sei ein 'heißes Thema'. Er sei sich aber nicht sicher, ob es überhaupt Freundschaften zwischen Frauen und Männern geben könne. Ebenso wie er bezweifeln viele Menschen, ob eine schlichte Freundschaft zwischen einem Mann und einer Frau möglich sei. Sie berufen sich darauf, dass die Beziehung zwischen einem Mann und einer Frau meist ein erotisches Element enthält. Oft mag die Versuchung dann sehr groß sein, die Früchte der Liebe zu kosten. Doch viele Menschen geben dieser Versuchung nicht nach, weil sie damit die Freundschaft zerstören würden. Sie handeln so wie die 32-jährige Angestellte Maja, die einen größeren Freundeskreis hat: *„Ich habe einen festen Partner und einige gute Freunde. Es sind vor allem Männer. Natürlich merke ich, dass zwischen uns eine erotische Spannung herrscht. Ich genieße das, vor allem, wenn mein Partner mich etwas vernachlässigt. Ich finde, dass diese erotische Spannung dazu führt, dass Männer aufmerksamer als Frauen sind. Ich fühle mich einfach von meinen Freunden umworben. Aber ich würde alles zerstören, wenn ich mit einem meiner Freunde schlafen würde. Ich erlaube mir höchstens Phantasien... Das vereinfacht meine Freundschaften mit den Männern sehr. Man muss nur wissen, wo die Grenze ist."*

Mich faszinierte die selbstbewusste Aussage von Maja, da sie deutlich macht, wie unkompliziert heutzutage Freundschaften zwischen Männern und Frauen verlaufen können. Noch vor 40 Jahren wäre das nur schwer denkbar gewesen. Und vor 100 Jahren wurden unbefangene Freundschaften zwischen Männern und Frauen durch die verklemmte, prüde Atmosphäre zwischen den Geschlechtern nahezu verunmöglicht. Der russische Schriftsteller Tolstoi hielt es seinerzeit für nicht denkbar, dass sich ein Mann und eine Frau treffen und dabei nur über Musik, Malerei oder Literatur reden könnten. Heutzutage hängt es wahrscheinlich stark vom Charakter und den Lebensumständen eines Menschen ab, ob er eine ruhige Mann-Frau-Freundschaft führen kann. Wer sich in einer sexuellen Notlage befindet oder unter einem starken Mangel an Liebe und Zärtlichkeit leidet, wird des Öfteren eher an Erotisches denken oder von dem Wunsch nach einer engen Partnerschaft erfüllt sein. Wenn dann der betreffende Mann von der begehrten Frau hört, sie wünsche sich mit ihm eine Freundschaft, wird er dies als herbe Ablehnung empfinden. Das ist häufig auch verständlich, denn die Zurückweisung des werbenden Mannes wird oft in den Satz gekleidet: 'Ich möchte mit Dir eine Freundschaft'. Wenige Menschen erkennen in dieser Situation, welchen Wert eine solche Freundschaft haben könnte. Doch manchmal gibt es auch Menschen, die dann weise handeln. Kürzlich erzählte mir ein sehr sympathischer Mann, dass er seiner Ehefrau die Freundschaft angeboten hatte, als er sie verließ. Da dieser Mann ungewöhnlich hilfsbereit und nett ist, sagte die Freundin der Ehefrau, sie solle auf den Vorschlag eingehen. Sie schloss mit den Worten: 'Du verlierst einen Mann und gewinnst einen Freund.' Beide sind noch heute eng befreundet. Die Umwandlung von einer Liebesbeziehung in eine Freundschaft ist allerdings nicht leicht. Sie gelingt selten und meist nur, wenn die Partnerschaft in ihrer emotionalen Intensität einer Freundschaft ähnelte. Sonst ist die Kränkung zu groß, wenn einer der Partner eine neue Liebesbeziehung beginnt. Bis zu diesem Zeitpunkt kann die Partnerschaft noch immer die Exklusivität und seelische Intimität aufweisen, wie sie für eine Liebesbeziehung typisch ist. Eine wirkliche Trennung ist dann noch nicht erfolgt, denn jeder ist für den anderen das wichtigste auf der Welt. Erst ein neuer Partner ändert dies Aufeinander-bezogen-Sein und führt bei dem 'Alleingebliebenen' zu dem Gefühl des Verlassenwerdens. Er muss die Gelegenheit haben, seine Trauer zu verarbeiten und sich innerlich wirklich zu trennen. Das ist oft ein jahrelanger Prozess. Und erst dann ist – wenn dies die Beteiligten dann überhaupt noch wollen – eine wirkliche Freundschaft möglich.

Obgleich wir es begrüßen sollten, wenn ein Mann mit Frauen Freundschaften schließt, kann darin auch ein Problem liegen. Es gibt Männer, die nicht den Mut besitzen, eine Liebesbeziehung mit einer Frau zu beginnen und sich mit einer Freundschaft begnügen. Meist sind es schüchterne Männer, die selbst davon träumen, erobert zu werden. Vor einem Jahr berichtete mir ein 36-jähriger Kaufmann, er habe immer den Mut gehabt Frauen anzusprechen. Doch er wagte es nicht, mit ihnen ein Liebesverhältnis anzufangen. Seine Freunde waren nicht so gehemmt und so musste er sich von den Frauen bald anhören, welche Sorgen sie mit den jungen Männern hatten. *„Irgendwann hatte ich diese Rolle satt, immer nur der Freund zu sein. Immer war ich der Seelentröster. Ich fand das schön und edel, aber auf die Dauer war das unbefriedigend. Doch es dauerte Jahre, bis ich den Mut fand, eine eigene Liebesbeziehung zu beginnen."*

Jetzt hast Du unsere Freundschaft zerstört

Wenn man noch wenige Erfahrungen mit dem anderen Geschlecht gesammelt hat, weiß man manchmal nicht, ob man eine Freundschaft oder eine Partnerschaft anstreben soll. Des Öfteren ist der andere für eine Freundschaft durchaus geeignet, während eine Partnerschaft mit ihm scheitert. Wer noch jung und ungeduldig ist, sucht dann jedoch meist die körperliche Nähe und muss nach relativ kurzer Zeit eine Trennung verkraften. Nicht immer lässt sich aus einer gescheiterten Liebesbeziehung wieder eine Freundschaft herstellen. Eine freundschaftliche Beziehung beinhaltet meist einen sehr unbefangenen Umgang, der oftmals nicht mehr möglich ist, nachdem man Liebeserklärungen ausgetauscht und miteinander geschlafen hat. Insofern ist die Klage mancher Frauen berechtigt, die auf das Liebeswerben eines guten Freundes enttäuscht antworten: 'Jetzt hast Du unsere Freundschaft zerstört.' Oft reicht dazu einige einzige Nacht. Jedenfalls schilderte mir ein Freund, eine langjährige Freundin habe sich nach einer Liebesnacht von ihm mit den Worten zurückgezogen: „Ich bin doch keine Konservendose, die man auf- und wieder zumachen kann. Jetzt ist Schluss."

Der Don Juan-Komplex

Die englische Kriminalschriftstellerin Agatha Christie meint in ihrer Autobiographie, Männer wollten von Natur aus mit Frauen keine Freundschaft schließen. Ein alter Freund habe ihr einmal versichert, ein Mann würde bei jeder Begegnung mit einer Frau spekulieren, wie sie im Bett wäre und sich fragen, ob sie wohl mit ihm schlafen würde.[79] Noch immer sind Männer tatsächlich sexualorientierter als Frauen. Eine intime Annäherung können sich viele Männer nur in der Sexualität vorstellen. Die Fähigkeit, über ein sehr persönliches Gespräch Nähe herzustellen, ist ihnen oft nicht gegeben. Nach jahrelangen Studien bin ich sogar zu der Überzeugung gelangt, dass die meisten Frauen heutzutage bessere Freundschaften haben als Männer. Tatsächlich stecken die Männerfreundschaften in einer Krise. In einer von mir durchgeführten Umfrage gaben 2/3 der Männer an, keinen besten Freund zu haben, während es bei den Frauen nur 1/3 war.[80] Die meisten Frauen haben intensive emotionale Beziehungen mit Freundinnen, mit denen sie wirklich alles bereden können. Man redet über Kinder, das Leben und vor allem über Männer. Und so heißt es auch in einem Gedicht von Elke Heidenreich, in dem sie ihre enge Freundschaft mit Senta Berger beschreibt:

Ich bin nur rasch auf ein Glas Wein gekommen.
Und Du hast eigentlich gar keine Zeit.
Und jede hatte sich was andres vorgenommen.
Doch jetzt sitzen wir am Küchentisch zu zweit
Und wir trinken schon die zweite Flasche Weißen.
Und wir reden über Männer. Liebe. Glück
Bei Dir muss ich mich auch nicht zusammenreißen
Prost, Freundin, wir träumen uns zurück…

Solch enge Freundschaften sind den meisten Männern fremd. In den typischen Männerfreundschaften spielt man Skat, treibt Sport, redet über Autos. Meist haben Männer große Schwierigkeiten, sich emotional zu öffnen und mehr über sich zu berichten. Woran liegt das? Herb Goldberg stellte fest, dass die Lieblingshelden von Männern einzelgängerische, starke Helden wie Old Shatterhand, Tarzan und Batman sind. Sie kennen keine Schmerzen, sind nie schwach, vergießen keine Tränen. Die meisten Männer sind von diesem Ideal geprägt und entsprechend emotional blockiert. In den typischen Männerfreundschaften redet man viel über Leistungen, entsprechend hoch ist die Rivalität. Zudem fällt es Männern schwer, über Schwächen und Gefühle zu reden. Der amerikanische Psychoanalytiker Robert Fuller ist deshalb der Meinung, die Männer müssten von ihrem hohen Ross herunterkommen, um wirklich freundschaftsfähig zu werden. Und wenn Männer wirklich Freundschaften beginnen, dann handelt es sich bei fast 70% um eine Beziehung mit einer Frau, weil hier die ansonsten vorherrschende Rivalitätsproblematik nicht auftritt.

Vor vielen Jahren war ich Experte bei einer Rundfunksendung, die sich mit dem Thema der platonischen Freundschaften beschäftigte. Über 100 Hörer riefen an und berichteten. Die Hälfte war der Meinung, es seien Freundschaften zwischen Frauen und Männern möglich, die andere bezweifelte dies. Dies war auch das Ergebnis einer von mir durchgeführten Umfrage. 50% aller Befragten waren überzeugt, dass es Freundschaften zwischen Frauen und Männern gibt. Interessant war allerdings, dass die Frauen (60%) mehr an solche platonischen Freundschaften glaubten als Männer (40%). Auch ich bin der Meinung, dass Freundschaften zwischen Frauen und Männern möglich sind. Wenn ein Mann innerlich ausgeglichen ist und auch eine gute Partnerschaft hat (und dazu gehört natürlich auch die Erotik), wird er nicht immer nur an 'das eine' denken, wenn er eine Frau sieht. Er wird vielleicht charmant sein und hin und wieder auch etwas flirten. Dennoch ist er in der Lage, eine Freundschaft mit einer Frau zu beginnen, ohne dass beide im Bett landen. Wenn er erotische Gefühle hat, begnügt er sich mit seinen Phantasien.

Eine kleine Antipathie...

Am leichtesten ist es natürlich, eine Beziehung auf eine Freundschaft zu beschränken, wenn man eine glückliche Partnerschaft hat. Und erleichtert wird solche Freundschaft auch dadurch, dass man am anderen bestimmte Eigenschaften nicht mag. Hat also vielleicht Nietzsche recht, wenn er feststellte: *„Frauen können recht gut mit einem Manne Freundschaft schließen, aber um diese aufrecht zu erhalten – dazu muss wohl eine kleine physische Antipathie mithelfen."*[81] Zunächst störte mich diese Anschauung. Ist es denn wirklich so, dass es nur dann Freundschaften zwischen Männern und Frauen gibt, wenn man wechselseitig kleine Fehler bemerkt? Doch als ich meine Patienten fragte, musste ich feststellen, dass Nietzsche teilweise Recht hat. In schlechten Ehen neigen die Partner dazu, nach anderen möglichen Liebesgefährten zu äugeln. Dann vergleicht eine Frau natürlich auch den neuen Freund mit dem Ehemann. Und wenn sie feststellt, dass er in allen Punkten besser ist als der Ehemann, wird es gefährlich. So empfand es auch die 32-jährige Hausfrau Lisbeth, die seit zehn Jahren verheiratet ist. Bei einer Sportveranstaltung traf sie einen etwas jüngeren Mann, mit dem sie sich anfreundete. Unter vier Augen berichtete mir Lisbeth: *„Anfänglich hatte ich immer Herzklopfen, als ich ihn traf. Er war so viel aufmerksamer als mein Mann. Ich hatte immer Angst, dass mein Ehemann merken könnte, wie verliebt ich war. Als ich dann spürte, dass dieser neue Freund beruflich keinen Erfolg hatte und wenig ehrgeizig war, beruhigte mich das irgendwie. Ich spürte, dass er als 'Hausfreund' nie infrage kommen würde. Mein Herzklopfen war weg und seither ist er wirklich ein guter Freund. Doch wenn ich mal jemanden treffe, der so erfolgreich ist wie mein Mann und gleichzeitig netter, dann könnte ich schon schwach werden.“*

Die Wahl des Ehepartners

Doch was soll man tun, wenn man einige Freunde hat und sich trotzdem an den Wochenenden einsam fühlt? Dann ist es wohl sinnvoll, sich einen Liebespartner zu suchen. Allerdings ist das nicht einfach. Worauf soll man beispielsweise bei seiner Partnerschaftssuche achten? Es gibt verwirrend viele Hinweise, nach denen man sich richten könnte. Nach meiner Erfahrung ist in der Partnerschaft der Humor sehr wichtig, denn wie sollte man sonst die vielen Schwierigkeiten im jahrelangen, gemeinsamen Alltag unbeschadet überstehen? Ein anderer schwört auf das richtige Sternzeichen. Und mancher wird vielleicht schon beim ersten Kuss die Brieftasche des Partners taxieren. Aber diese Kriterien sind natürlich nicht unproblematisch. Das Geld ist vielleicht doch nicht so wichtig, die Sterne können irren und wie soll man den Humor testen? Doch es gibt ein untrügliches Zeichen für die Liebesfähigkeit eines Menschen. Man muss schauen, ob der Betreffende wirkliche Freunde hat. Denn Freundschaften sind durch ihre intensive Nähe gleichsam 'Vorbereitungskurse für die Ehe'. Und sie sind ein lebensnaher Testfall. Kategorisch urteilt Alfred Adler hinsichtlich des geeigneten Ehekandidaten: Er *„muss bewiesen haben, dass er Freundschaft halten kann... Der Mensch, der keine Freunde hat und sich nicht gut in die Gesellschaft einfügt, ist nicht gut auf das Eheleben vorbereitet.“*[82]

Man sollte sich seinen Partner immer auch nach dem Gesichtspunkt aussuchen, ob man mit ihm eine Freundschaft beginnen würde. Bei der Freundschaftssuche ist man oftmals etwas vernünftiger und kritischer als beim Sich-Verlieben. Wenn eine Beziehung gescheitert ist, muss sich mancher hinterher eingestehen, dass man den (oder die) andere/n zwar heißblütig begehrt hat. Man fand ihn anziehend, erotisch und attraktiv – doch als Freund hätte man ihn nie gewählt.

Die Liebesfreundschaft

„Man müsste die Vorteile der Liebe und der Freundschaft miteinander verbinden können. Das wäre so, als würde eine Hochzeit zwischen der Stabilität der Freundschaft und dem Glück der leidenschaftlichen Liebe stattfinden„ – schwärmte der 30-jährige Student Mario, als wir in einer Einzelstunde über dieses Thema sprachen. Doch geht das? Der Menschenkenner La Bruyere war der Ansicht, Liebe und Freundschaft würden einander ausschließen. Nun trifft das für die romantische Liebe junger Menschen sicherlich zu. Wenn das Herz plötzlich in Flammen steht, hat das mit einer Freundschaft wenig zu tun. Während man sich in einer erwachsenen Freundschaft allmählich kennenlernt, drängt die romantische Liebe nach einer schnellen Vereinigung. Dabei kennt man den geliebten Menschen kaum. Ja, man darf ihn nicht zu gut kennen, sich nicht zu vertraut sein. Nur in dem Gefühlszustand eigener Einsamkeit und der Fremdheit des anderen gedeihen die romantischen Liebesphantasien. Die Vernunft bleibt

dabei auf der Strecke. Man handelt nach dem Spruch: 'Nur wer den Verstand verliert, liebt richtig'. Man überträgt dabei alle eigenen Wünsche auf den Partner, schwebt eine Weile wie auf Wolken und erlebt dann häufig eine Bauchlandung.

Fast zwangsläufig scheitern die meisten Menschen mit ihrem stürmischen Liebesverlangen. Wenn sie etwas älter geworden sind, werden sie deshalb das Bedürfnis haben, im Liebesbereich etwas vernünftiger zu handeln. Wichtig ist hierbei zunächst der Beginn der Liebesbeziehung. Es muss doch Konflikte mit sich bringen, wenn sich zwei Menschen 'Hals über Kopf' ineinander verlieben, obwohl sie sich fast nicht kennen. Ist es nicht günstiger, wenn man sich zunächst etwas kennenlernt, bevor man sich unsterblich verliebt? Natürlich setzt diese bedächtigere Vorgehensweise voraus, dass man seelisch etwas mehr bei sich bleibt. Und diese Einstellung entspricht dem Beginn einer Freundschaft. Der Unterschied zwischen einer Freundschaft und der romantischen Liebe besteht darin, dass zwei Menschen zusammenwachsen und nicht zusammenfallen sollen. Und genau in diesem Unterschied besteht die Grundlage der Liebesfreundschaft: Angestrebt wird keine Verschmelzung oder romantische Verklärung, sondern eine Beziehung zwischen zwei Persönlichkeiten. Dabei sind rauschhafte Liebesgefühle sowie gelegentliche Liebestage und -nächte, in denen man so eng zusammenrückt, bis alle störenden Grenzen schwinden, keineswegs ausgeschlossen. Doch man verliert nicht seinen Kopf, sondern ist zumindest zeitweise durchaus in der Lage, den Partner realistisch mit seinen Stärken und Schwächen zu sehen.

Solche Liebesfreundschaft erscheint vor allem jungen, romantisch veranlagten Menschen als zu distanziert und vernünftig. Leidenschaftlich streben sie enge Beziehungen an, in denen sie verschmelzen und sich verströmen können. Und sie haben damit teilweise Recht. Denn so wie der Raketenstart wichtig ist für den Flug zum Mond, sind auch stürmische Liebesgefühle und eine brennende Sehnsucht unverzichtbar für den Beginn einer Liebesbeziehung. Wie sollen sonst zwei Menschen den Prozess des Näherkommens meistern, wenn nicht die Kraft der Leidenschaft den notwendigen Treibstoff dafür bereitstellt? Allerdings muss dann doch jedes Paar nach Monaten oder Jahren feststellen, dass diese Leidenschaften auch zu einer Zuspitzung von Konflikten führen können. Offenbar führen die Leidenschaften zu einer Emotionalisierung der Partnerschaft und dies kann mitunter nicht nur anstrengend, sondern auch zerstörerisch sein. Dies hat schon vor Jahrzehnten bei einzelnen Psychologen zu dem Wunsch geführt, man möge doch eine Liebesbeziehung im Wesentlichen nach den Prinzipien einer Freundschaft führen. Ich glaube zwar nicht, dass dies vollständig gelingen kann. Eine gute Liebesbeziehung bedarf doch einer gewissen Leidenschaft. Aber auch ich bin der Meinung, dass eine gute Partnerschaft wesentlich auf der Basis der Freundschaft beruhen sollte. Doch dies ist nicht leicht. Man muss viele Enttäuschungen erlebt und Lebenserfahrungen gesammelt haben, um eine ruhige 'Freundschaftsliebe' zu würdigen. Davon handelt der weitgehend autobiographische Roman 'Der Menschen Hörigkeit' von Somerset Maugham. Als Leser leidet man fortwährend, wenn sich der junge Mann jahrelang sehnsüchtig nach einer Frau verzehrt, die ihm nur Unglück bringt. Doch bei Frauen, die ihm freundschaftlich-liebevoll zugetan sind, kann er nichts empfinden. Glücklicherweise ändert sich das, nachdem ihn das Verhalten seiner angebeteten Freundin in eine tiefe Krise gestürzt hat. Auf den letzten Seiten des Romans findet er endlich das freundschaftliche Liebesglück an der Seite einer Frau, die ihn wirklich versteht.

Vielleicht muss man etwas älter sein, um dem Komponisten Franz Schubert beipflichten zu können: *„Glücklich, der einen wahren Freund findet. Glücklicher, der in seinem Weib einen wahren Freund findet."*[83] Bei meinen Freunden, Kollegen und auch bei mir selbst kann ich in den letzten Jahren beobachten, dass die Partnerschaft immer wichtiger wird.

Wenn man Glück hat, ist nun der Liebespartner auch der beste Freund. Unter dieser Entwicklung leiden vor allem jene Freunde, die keine Partnerschaft haben. Früher wurden sie ständig eingeladen und fühlten sich im Freundeskreis gut aufgehoben. Doch mittlerweile klagen sie zuweilen, weil sie spüren, dass sie etwas vereinsamen.

Die gegenseitige Hilfe

Meine eigenen Lebenserfahrungen und meine Erkenntnisse als Psychotherapeut haben mir gezeigt, dass eine gute Partnerschaft wesentlich auf der Fähigkeit zur Freundschaft beruht. Dieser Ansicht war auch Ernst Bloch, der einmal feststellte, die meisten Ehen würden nicht an mangelnder Liebe, sondern aus mangelnder Freundschaft zugrundegehen.[84] Im alltäglichen Zusammenleben bedeutet dieses Prinzip Freundschaft zunächst, dass jeder am Wohlergehen des Partners interessiert ist. Die gegenseitige Hilfe im Alltag (auch im Haushalt und bei der Kindererziehung) gehört zu den Grundfesten einer Liebesbeziehung. Gerade dieser Bereich ist so oft konfliktbeladen, wenn keine Einigung erfolgt. Der Freundschaftsdienst kann aber auch in der Hilfe im Krankheitsfall und in schweren Krisen bestehen. Wer nächtelang am Bett seines kranken Partners wachte, ihm bei der Bewältigung einer persönlichen oder beruflichen Krise half, wächst mit ihm dauerhafter zusammen, als dies durch Mondscheinnächte und Liebesschwüre möglich wäre. Diese Erfahrung bestätigte mir die 35-jährige Angestellte Erika: *„Ich kenne meinen Partner schon lange. Mal war Nähe, mal Distanz, es war eine übliche Partnerschaft. Da wurde ich schwer krank und mein Partner hat viele Nächte an meinem Bett verbracht. Er musste mich pflegen, für mich einkaufen und kochen. Seitdem habe ich ein großes Vertrauen zu ihm, ich liebe ihn noch viel mehr.“*

Das Gespräch in der Partnerschaft

Das eigentliche Element jeder Freundschaft ist das Gespräch. Das gilt natürlich auch für die Freundschaftsliebe. Schon Nietzsche hat darauf hingewiesen, dass die Ehe ein langes Gespräch sei und gemeint: *„Man soll sich beim Eingehen einer Ehe die Frage vorlegen: glaubst du, dich mit dieser Frau bis ins Alter hinein gut zu unterhalten?"* Alles andere in der Ehe sei vorübergehend.[85] Tatsächlich besteht jede Partnerschaftskrise darin, dass man sich nichts mehr zu sagen hat. Nach vielen Streitigkeiten ist der Rest an Sympathie aufgebraucht. Deshalb ist auch in einer Liebesbeziehung das 'gemeinsame Dritte' so wichtig. Man braucht gemeinsame Interessen, über die man auch dann reden kann, wenn man etwa Distanzgefühle hat. Das fiel mir besonders bei der 50-jährigen Annegret auf, die immer vergeblich versucht hatte, mit ihrem Mann über die Schwierigkeiten in der Ehe zu sprechen. Doch dann kauften sie sich gemeinsam ein kleines Wochenendgrundstück. Sie renovierten die Laube, pflanzten eine Hecke und mussten nun über tausend Dinge reden. Und sie kamen sich auf diese Weise wieder näher. Das Eis war gebrochen und sie konnten nun gelegentlich auch ihre Beziehungsprobleme klären.

Die Abhängigkeit vom Partner

Ein wichtiges Merkmal der Liebesfreundschaft besteht darin, dass sich jeder eigenständig entwickelt. Dazu ist auch die Hilfe der Freunde notwendig. Am Beginn einer Partnerschaft besteht verständlicherweise bei den Liebenden ein starker Wunsch nach Abgeschiedenheit. Sie finden es aufregend, sich kennenzulernen und sich in jeder Weise zu erkunden. In dieser Zeit sind die Freunde kaum wichtig. Doch spätestens beim ersten Streit ruft man wieder die altbewährten Freunde an. Mit ihnen bespricht man dann nicht nur die Konflikte.

Solche Freunde sind auch wichtig, damit wir nicht zu abhängig vom Partner werden. Sonst wäre man so sehr auf die Zuwendung des Partners angewiesen, dass man zwangsläufig in Panik gerät, wenn sich dieser zurückzieht. Entweder reagiert man dann zu werbend oder man ist kämpferisch. Doch souverän ist man kaum. Manchmal gerät man sogar in eine Krise. In den letzten Jahren haben sich viele Frauen bei mir zur Therapie angemeldet, die nach dem emotionalen Rückzug ihres Mannes eine Angstneurose entwickelten. Für sie war die Liebe ihres Mannes die Grundlage ihres Selbstbewusstseins. Sie taten alles für ihren Mann. Sie kochten ihm seine Lieblingsgerichte, brachten ihm immer wieder kleine Geschenke mit und gingen auf seine Wünsche ein. Trotzdem zogen sich die Männer emotional zurück, wenn sie sich bedrängt fühlten oder beruflich überfordert waren. Daraufhin gerieten die Frauen in eine schwere Krise. Sie wurden so ängstlich, dass sie kaum noch allein das Haus verlassen konnten. Bei allen Arztbesuchen und Besorgungen musste er nun dabei sein. Und er konnte sie kaum allein lassen, weil sich sonst ihre Angstzustände verstärkten. Interessanterweise konnten nun die Männer wieder auf ihre Frauen eingehen. Vielleicht lag es daran, dass sie jetzt in der Überlegenheitsrolle waren. Jedenfalls redete man wieder miteinander. In der Therapie wurde diesen Frauen bewusst, dass ihre Lebenskrise durch die zu starke Abhängigkeit von ihrem Mann ausgelöst wurde. Sie mussten lernen, mit anderen Menschen Freundschaften zu schließen. Und das verbesserte dann auch die Liebesziehungen. Die begannen durch die Eigenständigkeit der Partner wieder zu ‚atmen' – wurden wieder lebendig.

Hänsel und Gretel

'Eheprobleme trägt man nicht nach draußen' – das war noch vor 30 Jahren die Überzeugung der meisten Menschen. Mittlerweile haben zumindest viele junge Menschen erkannt, wie wichtig es ist, mit Freunden über die Partnerschaft zu reden. Solche Aussprache kann vor allem nach Konfliktsituationen sehr hilfreich sein. Durch geschickte Fragen und kluge Hinweise kann der Freund zu einer Klärung der verworrenen Situation beitragen. Zumindest kann er zuhören und manchmal auch trösten und so den Hilfesuchenden beruhigen. Seine Funktion gleicht ansatzweise der eines Psychotherapeuten. Allerdings wird nicht jeder Freund diesem hohen Anspruch gerecht. Oft sind wir nach einem Gespräch mit einem Freund konfuser als vorher, wenn er sehr aufgeregt reagiert hat und seinerseits von seiner schlechten Ehe erzählte. Es gibt viele Menschen, die bei allen Konflikten Öl ins Feuer gießen und die rechte Besonnenheit vermissen lassen. Das führt dazu, dass man über den Partner herzieht und nicht versucht, den eigenen Anteil an der Entstehung der Probleme zu erkennen. Es ist also wichtig, dass man möglichst Freunde anruft, die genügend Geduld für ein klärendes Gespräch aufbringen und objektiv genug sind, um auch unsere eigenen Fehler zu sehen.

Freundschaften wirken sich auch insofern segensreich auf die Ehe aus, als sie die Beziehung von übermäßigen Ansprüchen entlasten. In einer Liebesbeziehung kann es nie eine vollständige Übereinstimmung der Interessen und Gefühle geben. Wenn man das Gefühl einer ständigen, untergründigen Enttäuschung vermeiden will, muss man viele Themen mit Freunden besprechen und manche Unternehmungen mit ihnen durchführen. Das ist auch eine Bereicherung für die Ehe, weil man neue Anregungen bekommt und interessanten Gesprächsstoff gewinnt. Allerdings muss man dazu die vielleicht liebgewonnene Ansicht überwinden, ein Ehepaar müsse immer wie Hänsel und Gretel durch die Welt laufen und alles gemeinsam unternehmen. Diese Hänsel-und-Gretel-Ideologie ist noch heute weit verbreitet. Für viele Ehemänner ist es undenkbar, dass ihre Frau mit einem guten Freund ins Kino geht. Doch warum eigentlich nicht? Wenn sie andere Filme bevorzugt als ihr Mann, ist diese Lösung wohl vernünftig. Doch sehr schnell kommt es dann zu Eifersuchtsphantasien. Was werden die beiden im dunklen Kino treiben? Erst geht man ins Kino und dann... Man sieht die eigene Frau schon mit dem Freund im Bett liegen und sträubt sich deshalb energisch gegen solche Freundschaften. Man will jede mögliche Verführungssituation ausschließen und engt daher den Freiheitsraum des Partners ein. Und wenn schon Freundschaften, dann nicht allein.

Die Ehepaarfreundschaften

In vielen Ehen besteht der Brauch, nur gemeinsame Freundschaften zu pflegen. In längeren Abständen lädt dann das eine Ehepaar das andere ein. Man sieht Dias von der letzten Reise, spricht über die Kindererziehung und lässt sich Pizza und Rotwein schmecken. Über sich selbst oder gar über Eheprobleme spricht man bei solchen Treffen kaum. Dazu bleiben 'Ehepaarfreundschaften' meist auch zu distanziert. Intimere Gespräche lassen sich eher in einer Zweierfreundschaft führen.

Natürlich haben die Ehepaarfreundschaften den Vorteil, dass man etwas gemeinsam erlebt. Meist sind es die Ehefrauen, die solche Treffen anregen und den Kontakt zwischen den Ehepaaren aufrechterhalten. Dadurch kommt auch der Mann in den Genuss eines freundschaftlichen Kontaktes. Und diese gemeinsamen Freundschaften wirken sich auch stabilisierend auf die Ehe aus. Es sind nicht nur die Kinder oder das Haus, die eine Liebesbeziehung zusammenhalten. Vielmehr ist auch der gemeinsame Freundeskreis ein starker Bindungskitt für die Ehe. Doch der Nachteil solcher Ehepaarfreundschaften zeigt sich eindringlich nach einer Trennung. Meist entscheiden sich die Freunde dann für die Fortsetzung mit einem Partner. Die Beziehung mit dem anderen schläft ein oder wird abgebrochen. Auch unter diesem Gesichtspunkt ist es also sinnvoll, dass jeder Partner seinen eigenen Freundeskreis hat. Spätestens nach einer Trennung erweist es sich als Fehler, wenn man mit der Hochzeit auch in den Freundeskreis des Partners einheiratet und die eigenen alten Freunde vernachlässigt. Eine Patientin klagte schon vor einigen Jahren in einer Einzelstunde: *„Als ich mich trennte, haben sich alle Freunde für ihn entschieden. Mich hat das damals ungeheuer gekränkt. Irgendwie hat mir das den Rest gegeben. Ich weiß nicht, warum man zu ihm gehalten hat. Er war so ein Muffelkopf. Aber er war beruflich weiter als ich. Jedenfalls habe ich jetzt meine eigenen Freunde und würde sie nie aufgeben. Man weiß ja nie..."*

Freundschaften als Ehetest

Es kommt wohl immer auch darauf an, in welchen sozialen Kreisen man lebt. In Studentenkreisen, unter Intellektuellen und Künstlern ist es üblicher, dass sich die Partner gegenseitig einen großen sozialen Freiraum einräumen als in bestimmten Angestellten- oder Arbeiterkreisen. Es hat unter Studenten meist nichts zu bedeuten, wenn ER eine andere Frau zum Essen einlädt, falls seine Partnerin keine Zeit hat. Häufig wird es auch toleriert, dass SIE mit guten Freunden ans Mittelmeer fährt, wenn ER gerade eine Diplomarbeit schreibt. Doch in mancher typischen Angestelltenehe würde eine solche Entscheidung beim Partner große Unruhe und Eifersuchtsgefühle auslösen.

Wie ein Mensch auf intensive Freundschaften des Partners reagiert, hängt natürlich auch von der Qualität der Ehe ab. Wenn ich dem Partner zugestehe, dass er andere Menschen genauer kennenlernt, muss ich immer damit rechnen, dass er mich mit ihnen vergleicht. Kann ich mir dann ruhig sagen: 'Einen besseren Partner als mich wird er nicht finden?'

Und kann ich gewiss sein, dass 'meine bessere Hälfte' soviel Verständnis und sexuelle Erfüllung bei mir findet, dass sie nicht wie ausgehungert durchs Leben läuft und für die Liebessignale anderer Menschen empfänglich ist? Wer sich in diesen Fragen unsicher ist, wird häufig den Lebensraum seines Partners einschränken und es zu verhindern wissen, dass ER eine Freundin hat – auch wenn es sich wirklich 'nur' um eine Freundschaft handelt.

Es wirkt natürlich beruhigend auf alle Beteiligten, wenn man sich in einer Frau-Mann-Freundschaft besonnen verhält und die manchmal aufkommenden Flirt-Regungen begrenzt. In allen freundschaftlichen Beziehungen zwischen Männern und Frauen gibt es leicht eine gewisse erotische Spannung, die man nicht verleugnen sollte. Doch man sollte diese Spannung auch nicht durch leichtfertige Flirts, Anspielungen und zärtliche Berührungen fördern. *„Manchmal würd' ich schon gern mit Dir„* – heißt es in einem bekannten Schlager. Doch es gilt immer die Folgen zu bedenken...

In guten Freundschaften hat man sich quasi darauf geeinigt, dass man keine Liebesbeziehung anstrebt, auch wenn hin und wieder eine erotische Stimmung aufkommt. Und dieser 'Verzicht' ist gleichzeitig eine enorme Bereicherung für die Freundschaft. Indem man sich für die Freundschaft entscheidet, kann man sich dem anderen gegenüber oftmals weiter öffnen als in einer Liebesbeziehung, in der leicht konfliktreiche Verstrickungen entstehen.

Wenn der beste Freund heiratet ...

Der Freund oder die Freundin können eine wichtige Stütze sein, wenn eine Partnerschaft scheitert. Vor allem in solchen partnerschaftslosen Zeiten ist man für eine enge Freundschaft besonders aufgeschlossen. Am günstigsten ist es natürlich, wenn auch der Freund momentan keine Liebesziehung hat. Dann haben beide Freunde nicht nur sehr viel Zeit, sondern sind auch emotional recht anhänglich. Rückhaltlos redet man mit dem anderen über seine Sorgen und Ängste. Die Gesprächsintimität solcher Freundschaften ähnelt durchaus einer guten Partnerschaft. Eine 37-jährige Architektin berichtete, dass für sie die Freundin früher wie eine Partnerin war: *„Wir haben sehr häufig etwas unternommen. Ich hatte viel Zeit, weil ich mich gerade getrennt hatte. Und meine Freundin war in der gleichen Situation. Wir redeten viel über unsere Erfahrungen mit Männern. Wir unterstützten uns in unserem Emanzipationsprozess und besuchten gemeinsam Volkshochschulkurse. Das war eine tolle Zeit, die für uns beide sehr intensiv war."* Doch so etwas ändert sich jählings, sobald eine Freundin verliebt ist. Von da an hat sie einen neuen Gesprächspartner, ist emotional ausgefüllt und ist nicht mehr so sehr auf ihre Freundin angewiesen. Natürlich erleben auch Männer diese enttäuschende Erfahrung. Wenn ein Mann eine sehr intensive Männerfreundschaft pflegt und dann eine Liebesbeziehung eingeht, wird der andere dem Gedicht von Kurt Tucholsky zustimmen können:

Frauen von Freunden zerstören die Freundschaft.
Schüchtern erst besetzen sie einen Teil des Freundes,
nisten sich in ihm ein, warten, beobachten,
und nehmen scheinbar teil am Freundesbund.
Dies Stück des Freundes hat uns nie gehört -
wir merken nichts.
Aber bald ändert sich das:
Sie nehmen einen Hausflügel nach dem andern...[86]

Deshalb kam es Franz Kafka wie ein Verrat vor, als sein engster Freund Max Brod heiratete. Ihm war, als habe er einen Freund verloren, *„denn ein verheirateter ist keiner. Was man ihm sagt, erfährt stillschweigend oder ausdrücklich auch seine Frau..."*[87] Solche Eifersuchtsgefühle sind insofern verständlich, als der zurückgelassene Freund auf einen wesentlichen Teil der Freundschaft verzichten muss. Doch das kann ihn motivieren, sich nun selbst eine Liebesbeziehung zu suchen.

Auch der neue Partner ist oft eifersüchtig auf die Freunde des anderen. Vor allem viele Männer reagieren sehr skeptisch auf die engen Freundschaften seiner Liebespartnerin. Sie spüren, dass diese gewachsenen Freundschaften eine emotionale Intensität und Vertrautheit haben, die in der Partnerschaft noch nicht erreicht ist. Sie bekommen mit, dass ihre Partnerin der Freundin viele Dinge aus ihrer Liebesbeziehung erzählt. Manchmal reagieren sie dann ziemlich gereizt, wenn die Partnerin stundenlang das Telefon blockiert. Doch wenn sie selbstbewusst genug sind, respektieren sie diese Freundschaft. Denn gute Freundschaften entlasten eine Ehe und beleben sie. Seit vielen Jahren erforsche ich, wann Liebesbeziehungen gelingen. Und eines ist mir aufgrund vieler Interviews bereits jetzt klar: Freundschaften sind für eine gute Partnerschaft lebenswichtig.

Anmerkungen

[1] Igor S. Kon, Freundschaft, Reinbek bei Hamburg 1979, S. 84

[2] Dabei wurden nur die Antworten jener Befragten gewertet, deren Selbst-einschätzung lautete: „Ja, ich habe Freundschaften."

[3] George C. Homans, Theorie der sozialen Gruppe, Opladen 1978, S. 421 f.

[4] Elisabeth Noelle Neumann u.a.: Allensbacher Jahrbuch der Demosko-pie 1978–1983, Band VIII siehe auch: Umfrage TNS Infratest, Shell Studie 2006

[5] Honoré de Balzac, Verlorene Illusionen, Leipzig 1920, S. 215

[6] Hessische Gesundheitsnachrichten, Frankfurt am Main 1990, S. 12

[7] Francis Bacon, Essays, Stuttgart 1980, S. 89

[8] Franz Höllinger, Familie und soziale Netzwerke in fortgeschrittenen In-dustriegesellschaften, Graz 1989, S. 530

[9] Carl Zuckmayer, Als wär's ein Stück von mir, Frankfurt am Main 1969, S. 82 f.

[10] Robinson, zitiert nach: Lothar Schmidt, Aphorismen von A bis Z, Mün-chen 1971, S. 121

[11] Montaigne, Essays, Berlin 1902, S. 29

[12] zitiert nach Heinz G. Schwieger, Eines Freundes Freund zu sein, Wiesba-den o.D., S. 28 f.

[13] Heinrich Albertz, Auf verlorenem Posten?, in: Einsamkeit, Hans Jürgen Schultz (Hrsg.), Stuttgart 1980, S. 40 f.

[14] zitiert nach Heinz Knobloch, Meine liebste Mathilde, Berlin 1986, S. 27

[15] zitiert nach: Stuart Miller, Männerfreundschaft, München 1986 S. 21 f.

[16] Die Geschichte von wahrer Freundschaft, aus: Beim Barte des Prophe-ten, Zürich 1984, zitiert nach: Freundschaft gibt's nicht à la carte, aus-gewählt von Barbera Sulzer, Heilbronn 1985, S. 41 ff.

[17] Siegfried Lenz, Der Mann im Strom, München 1963, S. 94

[18] Stuart Miller, Männerfreundschaft, München 1986, S. 23

[19] Georg Christoph Lichtenberg, Sudelbücher, Fragmente, Frankfurt am Main 1983, S. 298

[20] Carl Zuckmayer, Als wär's ein Stück von mir, Frankfurt am Main 1969, S. 234 f.

[21] Michael Ende, Momo, München 1988, S. 17 f.

[22] Montaigne, Essays, Berlin 1902, S. 37

[23] Montaigne, Essays, Berlin 1902, S. 38 u. 40

[24] Brief v. Gottfried Keller an Johann Müller v. 29. Juni 1837, zitiert nach Hans Bender (Hrsg.), Das Insel-Buch der Freundschaft, Frankfurt am Main 1980, S. 112 ff.

[25] Goethe, Brief an Herder, zitiert nach Goethes Lebensweisheit, hrsg. von Emil Ludwig, Berlin 1931, S. 157

[26] siehe Georg Simmel, Schriften zur Soziologie, Eine Auswahl, Herausgegeben und eingeleitet von Heinz-Jürgen Dahme und Otthein Rammstedt, Frankfurt am Main 1983. S. 154 f.

[27] Picasso, Wilfried Wiegand, Reinbek bei Hamburg 1973, S. 24

[28] Arthur Schopenhauer, Perarga und Peralipomena I, Zürich 1977, S. 499

[29] Reinhard Fatke und Renate Valtin, Wozu man Freunde braucht, Psychologie heute, April 1988, S. 24

[30] Rahel Varnhagen, Aufzeichnungen, zitiert nach: Das Insel-Buch der Freundschaft, ausgewählt von Hans Bender, Frankfurt am Main, S. 87

[31] Matthias Claudius, Von der Freundschaft, zitiert nach: Das Insel-Buch der Freundschaft, ausgewählt von Hans Bender, Frankfurt am Main, S. 55

[32] Momo, Michael Ende, München 1988, S. 43

[33] Igor S. Kon, Freundschaft, Reinbek bei Hamburg 1979, S. 120

[34] Goethe, Über Kunst und Altertum, in: Goethes Lebensweisheit, hrsg. von Emil Ludwig, Berlin 1931, S. 156

[35] Goethe, Brief an Herder, zitiert nach: Goethes Lebensweisheit, hrsg. von Emil Ludwig, Berlin 1931, S. 156,

[36] Matthias Claudius, Von der Freundschaft, zitiert nach: Das Insel-Buch der Freundschaft, ausgewählt von Hans Bender, Frankfurt am Main, S. 56

[37] Abschied von Carl Zuckmayer, Main 1969, S. 77

[38] Carl Zuckmayer, Die langen Wege, Frankfurt am Main 1969, S. 47

[39] Karen Horney, Neurose und menschliches Wachstum, München 1975, S. 71

[40] Friedrich Nietzsche, G.W. Band I, Frankfurt am Main 1979, S. 622

[41] Friedrich Nietzsche, G.W. Band III, Frankfurt am Main 1979, S. 1055

[42] zitiert nach Ida Cermak, Ich klage nicht, Wien 1972, S. 51

[43] zitiert nach Ida Cermak, Ich klage nicht, Wien 1972, S. 62

[44] Maxim Gorki, Wie ich lernte, zitiert nach : Ursula Eichelberger, Zitatenlexikon, Leipzig 1981, S. 103

[45] Golo Mann, Erinnerungen und Gedanken, Eine Jugend in Deutschland, Frankfurt am Main 1986, S. 332

[46] Ernest Jones, Sigmund Freund, Bd. I, Bern-Stuttgart-Wien 1978, S. 198

[47] Alice Zuckmayer, Dankrede, in: Herausgegeben von der Landeshauptstadt Mainz und der Landeshauptstadt Rheinland-Pfalz, Main 1977, S. 42

[48] Carl Zuckmayer, Als wär's ein Stück von mir, Frankfurt am Main 1969, S. 44

[49] Antoine de Saint-Exupéry, Der kleine Prinz, Stuttgart 1981, S. 50

[50] Christian Morgenstern, Stufen, München 1984, S. 187

[51] Georg Christoph Lichtenberg, Aphorismen, Wiesbaden 1958, S. 42

[52] Igor S. Kon, Freundschaft, Reinbek bei Hamburg 1979, S. 93

[53] Claude Tillier, Mein Onkel Benjamien, Zürich 1972, S. 122

[54] Hermann Hesse, Unterm Rad, in: Die Romane und die großen Erzählungen, Erster Band, Frankfurt am Main 1978, S. 231

[55] Marie von Ebner-Eschenbach, zitiert nach Kurt Wortig, Zitate mit Pfiff und Schliff, München 1979, S. 61

[56] Friedrich Nietzsche, G.W. Band I, Frankfurt am Main 1979, S. 834

[57] Friedrich Nietzsche, Gesammelte Werke, Bd. I, Frankfurt am Main 1979, S. 630

[58] Alma Mahler Werfel, Mein Leben, Frankfurt am Main 1963, S. 23

[59] Robert Walser, Freundschaft, zitiert nach: 'In Freundschaft' hrsg. von Christian Zentner und Matthias Forster, München 1987, S. 92

[60] Dale Carnegie, Wie man Freunde gewinnt, Zürich o.D., S. 47 f.

[61] Eine Auswahl aus: Dale Carnegie, Wie man Freunde gewinnt, Zürich o.D., S. 143 f. und 233

[62] Dale Carnegie, Wie man Freunde gewinnt, Zürich o.D., S. 180

[63] Plutarch, Lebensklugheit, Leipzig 1979, S. 94 f.

[64] Matthias Claudius, Von der Freundschaft, zitiert nach: Das Insel-Buch der Freundschaft, ausgewählt von Hans Bender, Frankfurt am Main 1980, S. 56

[65] Stefan Zweig, Begegnungen mit Menschen, Büchern, Städten, Wien 1937, S. 36 f.

[66] siehe Arthur Schopenhauer, Parerga und Paralipomena I, 2. Teilband, Zürich 1977, S. 495

[67] Goethe, Brief an Achim v. Arnim v. 23. 2. 1815, zitiert nach Gesammelte Briefe, Stuttgart 1930, S. 65

[68] Goethe, Brief an seine Frau, zitiert nach Wilhelm Bode, Goethes Lebenskunst, Berlin 1922, S. 127 f.

[69] Cicero, Laelius, Über die Freundschaft, Stuttgart 197o, S. 16

[70] Friedrich Nietzsche, Gesammelte Werke Band I, Frankfurt am Main 1979, S. 832

[71] André Maurois, Das Leben der George Sand, München 1985, S. 203

[72] Theodor Fontane, Aphorismen, Berlin 1984, S. 29

[73] zitiert nach: Richard Friedenthal, Goethe, Sein Leben und seine Zeit, München 1969, S. 678

[74] Antonie de Saint-Exupéry, Wind, Sand und Sterne, zitiert nach: Das Insel-Buch der Freundschaft, ausgewählt von Hans-Bender, Frankfurt am Main, S. 176

[75] Carl Zuckmayer, Als wär's ein Stück von mir, Frankfurt am Main 1969, S. 84

[76] La Bruyere, Charaktere, Dreieich 1979, S. 195

[77] Johann Heinrich Pestalozzi, Freundschaft, in: 'In Freundschaft' hrsg. von Christian Zentner und Mathias Forster, München 1987, S. 61

[78] Adalbert von Chamisso, Das Lied von der Freundschaft, in: 'In Freundschaft' hrsg. von Christian Zentner und Mathias Forster, München 1987, S. 48

[79] Agatha Christie, Meine gute alte Zeit, Moewig 1984, S. 190

[80] Interviewfrage: Haben Sie einen guten Freund, eine Freundin, mit der Sie auch über sich selbst reden können.

[81] Friedrich Nietzsche, G. W. Bd. I, Frankfurt 1979, S. 649

[82] Alfred Adler, zitiert nach Heinz L. und Rowena R. Ansbacher, Individualpsychologie, München 1972, S. 401

[83] Franz Schubert, Tagebuch, in: Brevier der Freundschaft, Bayreuth 1983, S. 93

[84] Ernst Bloch, Das Prinzip Hoffnung, Frankfurt am Main 1980, S. 1130

[85] Friedrich Nietzsche, G.W. Bd. I, Frankfurt am Main 1979, S. 651

[86] Kurt Tucholsky, Rheinsberg, Reinbek bei Hamburg 1961, S. 104

[87] zitiert nach Ronald Haymann, Franz Kafka, München 1986, S. 201

Gemeinsam statt einsam

Wolfgang Krüger
Das Geheimnis der Treue
Paare zwischen Versuchung und Vertrauen
180 Seiten, Kartoniert
ISBN 978-3-7831-3413-1
Warum sind Menschen treu oder untreu? Und was kommt danach? Der
Autor verdeutlicht anhand zahlreicher Beispiele die Prozesse der Untreue
und gibt Orientierung für den eigenen Umgang mit der Treue.

Anselm Grün / Ramona Robben
Grenzen setzen – Grenzen achten
Damit Beziehungen gelingen – Spirituelle Impulse
Band 5844

Joachim Engl / Franz Thurmaier
Wie redest du mit mir?
Fehler und Möglichkeiten in der Paarkommunikation
Band 6075
Das Geheimnis glücklicher Paare ist das gelungene Gespräch.
Die bekannten Psychotherapeuten zeigen, wie man richtig zuhört,
eigene Gefühle und Wünsche formuliert und Probleme konstruktiv löst.

Mathias Jung
Ich liebe dich. Nur nicht grad jetzt
Große Liebe, kleine Krisen
Band 6078
Die Liebe ist eine Baustelle: Es braucht immer wieder kleine
Instandsetzungsarbeiten – Zeichen der Zuwendung, Rituale,
aber auch Streitkultur. Anregungen und Tipps für das Leben zu zweit.

Eva Meschede
Allein unter Freundinnen
Rivalität zwischen Frauen
Band 3015
Frauenfreundschaften sind anders. Ist meine beste Freundin auch meine
beste Feindin? Rivalität unter Frauen – und was daran gut ist.

HERDER spektrum